中国物流专家专著系列・2023
国家自然科学基金面上项目（编号：72074033）
国家自然科学基金青年项目（编号：71101013）
湖南省职业教育教学改革研究项目（编号：ZJGB2020295）
湖南省教育厅科学研究项目（编号：21C1343）

生鲜农产品冷链智慧溯源系统的设计与实现

童光展　谭　旭　黄　格
杨　威　邢立宁　李　勇　著

中国财富出版社有限公司

图书在版编目（CIP）数据

生鲜农产品冷链智慧溯源系统的设计与实现 / 童光展等著. —北京：中国财富出版社有限公司，2023.1

（中国物流专家专著系列）

ISBN 978-7-5047-6497-3

Ⅰ.①生… Ⅱ.①童… Ⅲ.①农产品-冷冻食品-物流管理-研究-中国 Ⅳ.①F252.8

中国版本图书馆 CIP 数据核字（2022）第 196380 号

策划编辑	郑欣怡	**责任编辑**	邢有涛　王新月	**版权编辑**	李　洋
责任印制	尚立业	**责任校对**	杨小静	**责任发行**	敬　东

出版发行	中国财富出版社有限公司		
社　　址	北京市丰台区南四环西路 188 号 5 区 20 楼	**邮政编码**	100070
电　　话	010-52227588 转 2098（发行部）		010-52227588 转 321（总编室）
	010-52227566（24 小时读者服务）		010-52227588 转 305（质检部）
网　　址	http://www.cfpress.com.cn	**排　　版**	义春秋
经　　销	新华书店	**印　　刷**	北京九州迅驰传媒文化有限公司
书　　号	ISBN 978-7-5047-6497-3/F·3228		
开　　本	710mm×1000mm　1/16	**版　　次**	2023 年 1 月第 1 版
印　　张	12	**印　　次**	2023 年 1 月第 1 次印刷
字　　数	222 千字	**定　　价**	68.00 元

前 言

国务院办公厅于2017年4月21日发布了《国务院办公厅关于加快发展冷链物流保障食品安全促进消费升级的意见》，提出要以先进技术和管理手段应用为支撑，以规范有效监管为保障，着力构建符合我国国情的“全链条、网络化、严标准、可追溯、新模式、高效率”的现代化冷链物流体系，满足居民消费升级需要，促进农民增收，保障食品消费安全。因此，需大力发展“互联网+”冷链物流，整合产品、冷库、冷藏运输车辆等资源，构建“产品+冷链设施+服务”信息平台，实现市场需求和冷链资源之间的高效匹配对接，提高冷链资源综合利用率，推动构建全国性、区域性冷链物流公共信息服务和质量安全追溯平台，并逐步与国家交通运输物流公共信息平台对接，促进区域间、政企间、企业间的数据交换和信息共享。

冷链物流溯源是物流系统的重要环节，在供应链中扮演着十分重要的角色，在保证农产品质量安全中起着重要作用，无论是农户、批发商还是物流企业，都应重视冷链物流溯源。完善的生鲜农产品冷链智慧溯源系统，可有效地管理控制生鲜农产品的流通全过程，实现全程信息的透明化，保障温度敏感型生鲜农产品品质及口感的一致性，保护消费者的权益。通过学习本书内容，既可以认识冷链物流溯源体系的重要性，也可以系统地掌握冷链溯源管理的知识和技能、系统设计的方法，并且能够将所学知识用于解决冷链物流管理的实际问题。

生鲜农产品冷链智慧溯源系统的设计与实现由以下八章构成。第1

章为设计背景。在政策需求背景、国内外学者研究现状、国内企业冷链智慧溯源应用的基础上，提出了冷链智慧溯源系统的设计目标，并阐述了系统的设计框架、设计理念。第2章介绍了系统设计相关理论和方法，包括生鲜农产品冷链智慧溯源系统的演化过程、生鲜农产品冷链智慧溯源系统的特征、生鲜农产品冷链智慧溯源的方法。第3章分析了系统需求，从消费者和企业两个角度展开，分析不同用户的需求。第4章论述了系统总体设计，内容包括系统设计思路、系统核心功能和系统部署与运营，如数据库的设计和后台云服务器的选择。第5章对智能订单管理子系统进行设计与实现，介绍了订单管理子系统的关键技术，设计架构和子系统实现，如订单的入库管理、出库管理和订单召回。第6章对智能数据监测子系统进行设计与实现。首先介绍了智能数据监测技术，其次分析了子系统功能需求，最后进行子系统的设计与实现，如采集中、仓储中和配送中的生鲜农产品数据信息的监测采集。第7章对可视化子系统进行设计与实现，专门讨论了冷链运输中的条码技术、RFID技术、EDI技术，阐述了可视化子系统的设计，如物流企业和消费者的可视化端口。第8章对系统的创新性和产生的效益进行总结，同时也展望了未来的研究方向。

本书作者来自长沙学院、深圳信息职业技术学院和湖南现代物流职业技术学院。全书共分八章，具体编写分工如下：第1章、第2章、第3章、第8章由童光展编写，这四章的框架结构由李勇负责搭建，第4章、第5章、第6章、第7章由谭旭编写，书中的大数据采集与分析部分由黄格分析编写，书中问卷调查分析与文献资料查找由杨威负责，书中的生鲜农产品冷链智慧溯源系统由邢立宁提供算法支持。本书包含了作者多年来的一些研究成果和教学体会。在写作过程中，作者阅读和参考了大量相关文献资料，这些资料对于作者完成这本书起到了很大的帮助作用，在此对这些文献资料的作者表示感谢。长沙学院、湖南现代物流职业技术学院、深圳信息职业技术学院、国防科技大学的领导在编写过程中给予了大力支持，在此深表感谢！在本书的写作过程中，希望追求尽善尽美，但作者感到能力有限，再加上时间比较仓促，因此，在本书的内容和体系上有进一步修改、完善的需要，真诚地欢迎读者给予批评和指正。

作　者

2022 年 3 月

目　录

1　生鲜农产品冷链智慧溯源系统设计背景

1.1　背景分析

1.1.1　政策背景

快速发展的中国经济使人民的生活质量日益提升，同时，国民的饮食习惯以及消费结构的改变为生鲜农产品带来巨大的市场发展空间。生鲜农产品市场涵盖生产、销售、物流等多个领域，对冷链物流的需求日益增长，推动了冷链物流行业的迅速发展，也促进了智慧物流的发展，并为其带来前所未有的机遇。《湖南省“十三五”物流业发展规划》指出，到2020年，湖南省基本建立布局合理、技术先进、便捷高效、绿色环保、安全有序的现代物流服务体系，建成长江经济带物流中心，物流业对经济社会发展的服务能力显著提升①。

1. 智慧物流前景广阔

（1）标准化智能化新型物流。

2018年1月，国务院办公厅印发《关于推进电子商务与快递物流协同发展的意见》，要求强化物流标准化智能化，提高协同运行效率。加强大数据、云计算、机器人等现代信息技术和装备在电子商务与快递物流领域应用，提高科技应用水平；加强快递物流标准体系建设，鼓励信息互联互通；优化资源配置，提升供应链协同效率。2017年以来，《关于进一步推进物流降本增效促进实体经济发展的意见》②《新一代人工智能发展规划》③ 等多个文件出台，提出要发展智慧物流，推进产业自动化升级。2017年2月，国家邮政局发布《快递业发展“十三

① 湖南省发展改革委．湖南省“十三五”物流业发展规划［Z］．2016-12-19.

② 国务院办公厅．关于进一步推进物流降本增效促进实体经济发展的意见［Z］．2017-08-07.

③ 国务院．新一代人工智能发展规划［Z］．2017-07-08.

五”规划》，提出加强移动互联网、物联网、大数据、云计算、虚拟现实、人工智能等现代信息技术在企业管理、市场服务和行业监管中的应用。加快大数据及云平台等基础设施建设，推动信息应用向“邮政云”“快递云”平台迁移①。同年 5 月，国家邮政局发布《国家邮政局关于加快推进邮政业供给侧结构性改革的意见》，指出要注重融合创新，提升供给效率，强化科技创新驱动。引导企业加大科技投入，推广应用云计算、大数据、互联网、物联网等信息技术，探索应用人工智能、无人机等先进技术，广泛使用自动装卸传输分拣、冷链物流等技术设备②。同年 8 月国务院办公厅发布《关于进一步推进物流降本增效促进实体经济发展的意见》，从七个方面提出了 27 项具体措施，部署推进物流降本增效有关工作，着力营造物流业良好发展环境，提升物流业发展水平，促进实体经济健康发展。与此同时，推动物流降本增效对促进产业结构调整和区域协调发展、培育经济发展新动能、提升国民经济整体运行效率具有重要意义③。

（2）“互联网+”高效物流。

2017 年 6 月，《关于做好 2017 年降成本重点工作的通知》中出台了 25 项降成本举措。要求发展“互联网+”高效物流，支持基于大数据的运输配载、跟踪监测、库存监控等第三方物流信息平台创新发展，实现跨部门、跨企业的物流管理、作业与服务信息的共享，加快建设国家物流大数据中心④。2016 年 7 月，国家发展改革委发布《“互联网+”高效物流实施意见》的通知提出，以构建物流信息互联共享体系、提升仓储配送智能化水平、发展高效便捷物流新模式、营造开放共赢的物流发展环境为主要任务。要求先进信息技术在物流领域广泛应用，仓储、运输、配送等环节智能化水平显著提升，物流组织方式不断优化创新；基于互联网的物流新技术、新模式、新业态成为行业发展新动力，与“互联网+”高效物流发展相适应的行业管理政策体系基本建立；形成以互联网为依托，开放共享、合作共赢、高效便捷、绿色安全的智慧物流生态体系，物流效率效益大幅提高⑤。

---

① 国家邮政局．快递业发展“十三五”规划［Z］．2017-02-13．

② 国家邮政局．国家邮政局关于加快推进邮政业供给侧结构性改革的意见［Z］．2017-05-16．

③ 国务院办公厅．关于进一步推进物流降本增效促进实体经济发展的意见［Z］．2017-08-07．

④ 国家发展改革委、工业和信息化部、财政部、人民银行．关于做好 2017 年降成本重点工作的通知［Z］．2017-06-16．

⑤ 国家发展改革委．“互联网+”高效物流实施意见［Z］．2016-07-29．

2. 食品安全要求严格

（1）食品安全法律法规要求严格。

十九大报告提出，实施食品安全战略，让人民吃得放心。

近两年的抽检结果显示，我国食品安全形势总体平稳，样品抽检合格率稳中有升。但在一些领域仍然存在食品安全风险隐患，不容忽视，如农兽药残留超标、非法添加或滥用食品添加剂等。

一直关注食品安全的河南科技学院教授茹振钢代表说，目前，群众的诉求已从吃得饱转向吃得好、吃得放心。确保食品安全，一方面要严管，制定最严格的标准，强化最严厉的监管，启动最严格的问责，建立起一套科学完善的食品安全治理体系；另一方面，要加强农业生产的源头把控，尽最大可能降低污染①。

2017 年 12 月 22 日，国家食品药品监督管理总局（2018 年国务院机构改革中不再保留国家食品监督管理总局）出台《食品药品安全监管信息公开管理办法》，提出保障公众的知情权、参与权、表达权和监督权②，推进食品药品安全社会共治，增强政府部门公信力和执行力，让权力在阳光下运行。

2017 年 2 月，国务院办公厅印发《“十三五”国家食品安全规划》，要求提升风险监测和风险评估等能力。全面加强食源性疾病、食品污染物、食品中有毒物质监测，强化监测数据质量控制，建立监测数据共享机制。完善食品安全风险评估体系，通过综合分析监测数据及时评估并发现风险。全面实施食品安全战略，着力推进监管体制机制改革创新和依法治理，着力解决人民群众反映强烈的突出问题，推动食品安全现代化治理体系建设，促进食品产业发展，推进健康中国建设③。

2014 年政府对食品安全的重视上升至国家战略层面，食品安全与信息安全、公共安全一并成为关系国计民生的重要领域。2015 年 5 月，习近平总书记在中共中央政治局集体学习时强调，要用最严谨的标准、最严格的监管、最严厉的处罚、最严肃的问责，加快建立科学完善的食品药品安全治理体系。2015 年 6 月，李克强总理在全国加强食品安全工作电视电话会议中指出：以基层为主战场加强监管执法力量和能力建设，以“零容忍”的举措惩治食品安全违法犯罪，以持

---

① 十九大报告透露的十件民生实事［EB/OL］.（2017-10-21）http://www.chinanews.com/gn/2017/10-21/8357763.shtml.

② 国家食品药品监督管理总局．食品药品安全监管信息公开管理办法［Z］. 2017-12-22.

③ 国务院．“十三五”国家食品安全规划［Z］. 2017-02-14.

续的努力确保群众“舌尖上的安全”。2018 年 12 月，伴随《食品安全法》的修正，我国从政府到企业、从社会到法律，各方都对食品安全提出了更高的要求，食品溯源未来市场前景广阔。

（2）创建国家食品安全示范城市备受关注。

2017 年 2 月，长沙市芙蓉区食品安全委员会印发《长沙市芙蓉区 2017 年度“创建国家食品安全示范城市工作”暨食品药品监管工作方案》，以党的十八大和十八届三中、四中、五中、六中全会精神为指导，深入贯彻落实习近平总书记系列重要讲话精神，牢固树立“五个发展”新理念，紧紧围绕“五位一体”总体布局和“四个全面”战略布局，牢牢把握“四个最严”和“四有两责”总体要求，坚持稳中求进，以深化食药监管改革为契机，更进一步夯实食药监管基础，完善监管机制，坚持监管任务、监管队伍和食药保障同步推进，完成创建国家食品安全示范城市工作任务，确保人民群众“舌尖上的安全”，为推进“三大工程”“九大行动”和打造“四个芙蓉”提供有力的食品药品安全保障，为长沙市创建国家中心城市和食品安全示范城市作出贡献①。

2016 年 1 月，长沙市人民政府印发《长沙市创建国家食品安全城市实施方案》，以食品安全状况良好、食品安全监管到位、食品产业健康发展、群众认可不断增强为总体目标；以创建国家食品安全示范城市为抓手，大力实施食品安全战略，加快完善统一权威的食品安全监管体制，构建预防为主、风险管理、全程控制、社会共治的食品安全治理体系；以最严谨的标准、最严格的监管、最严厉的处罚、最严肃的问责，提升全市食品安全总体水平，保障人民群众“舌尖上的安全”②。

1.1.2 企业简介

通过对湖南省几家冷链物流企业的调查和分析得知，湖南省生鲜农产品冷链物流企业已经具备了一定的规模。与此同时，基础设施不断完善，先进技术逐步推进，优势机构正在迅速发展。然而，也存在诸多问题。第一，不合理的空间规划导致更高的运输成本。第二，设施和设备的分布不均匀，重冷藏、轻冷运。第三，标准化体系不健全，难以保证行业服务水平。第四，第三方制冷连锁物流机构发展滞后，难以提供完全一体化的综合物流服务。第五，缺乏专业人才，人才

---

① 长沙市芙蓉区食品安全委员会．长沙市芙蓉区 2017 年度“创建国家食品安全示范城市工作”暨食品药品监管工作方案［Z］．2017-02-28.

② 长沙市人民政府．长沙市创建国家食品安全城市实施方案［Z］．2016-01-22.

培养力度不够。

1. 恒广物流

长沙恒广物流有限公司（以下简称“恒广物流”）成立于2006年，位于湖南省长沙市长沙县安沙镇物流大道东段9号，是国家4A级物流企业、湖南省物流与采购联合会副会长单位、长沙市雨花区物流行业商会会长单位，2011年起卫冕中联重科“优秀运输商”。其业务主体分为园区开发和物流实体运输。在园区开发方面，2018年1月在长沙市长沙县安沙镇购置50亩①地开发建设“湖南智能仓储与共同配送中心”园区，2016年4月在长沙市长沙县榔梨镇开发建设240亩打造“海仑弘广零担物流园”用于全国零担专线运输配送，2016年4月在长沙县星沙开发建设260亩打造“三一弘广物流电商仓储产业园”。在物流实体运输方面，已设三大事业部，全面实现企业三方物流、仓储配送、全国直达干线运输于一体。同时，通过信息系统平台的整合，实现客户在线下单、实时查单、24小时GPS定位跟踪等业务。

恒广智慧物流园地处京港澳高速、绕城高速、107国道、物流大道黄金交叉点，向四面八方伸展。其距离机场、霞凝港口10分钟车程，距离星沙和高桥15分钟车程，距浏阳公园生态医药园20分钟车程。恒广智慧物流园位于湖南，辐射中南，面向全国，集湖南省内各地州市与省外各省会城市干线运输为一体，市场前景不可估量。

恒广智慧物流园是长沙市商务局现代服务业的重点示范项目，以快速流通食品药品的仓储物流为主要任务，立足打造湖南的物流枢纽平台。恒广物流在长沙榔梨、安沙、同升湖等地均拥有上万平方米仓储城配基地，主要为康程卫生用品、渔米之湘、金丝猴食品、康源制药、中联重科、梦洁家纺等国内外知名企业提供仓配服务。园区内拥有5万平方米的药品食品智能仓配中心。仓配中心为层高6~8米的标准高层仓库，采用钢混框架结构、双线电路控制、自动喷淋系统、丙二级消防标准。其中榔梨仓为标准钢结构仓库，设有恒温仓库，为特殊性质、恒温保鲜客户提供专业服务。园区仓库以中央空调系统管理为核心，利用物联网和IT智能控制技术，仓库净深42米，与周转较快的药品食品高度匹配。恒广物流仓储事业部被中国仓储与配送协会、中国仓储服务质量评鉴委员会依次评为“中国仓储服务金牌企业”“三星级仓库”。

---

① 1亩≈666.67平方米。

2. 湖南源山冷链物流有限公司

湖南源山冷链物流园项目由湖南源山冷链物流有限公司承办，项目位于长沙市宁乡经济技术开发区内，占地 200 亩，投资 4.27 亿元，以湖南农产品、食品产业为基础，建设湖南省内冷库容量大、设施先进、产品辐射范围广、日吞吐量大的冷藏冷冻产品集散中心，储存、流通加工、运输、配送基地。总建筑面积 13.8 万平方米，其中冷库 9 万平方米、交易中心 3 万平方米、办公及配套设施 1.8 万平方米，冷库库容 11.4 万吨。项目依托区位、交通、资源优势，凭借先进的信息体系，以“链”“群”“网”结合的发展模式，构建食品、农产品冷链物流平台，形成以长沙市为核心、覆盖湖南全省并辐射影响周边省市的冷链物流网络。

湖南源山冷链物流园地处长株潭“3+5”城市群中心地带，是建设长沙新的大交通、大物流枢纽腹地，也是长沙联通湖南西部地区的必经之地。园区位于宁乡新城干道永佳路，南面临湖南经济动脉石长铁路和长益常城际铁路，西面临宁乡大道，东面紧邻长沙大河西先导区唯一的铁路客货站（宁乡站）和规划中的长沙地铁、长益常城际轻轨宁乡站点。项目用地距长沙城市主干道金洲大道、长张高速宁乡西入口均不足 1 千米。项目用地在 3 分钟车程内可以直达石长铁路宁乡货站，在 40 分钟车程内可以直达长沙霞凝深水港口，只需 1 个小时车程就可以直达武广高铁长沙南站、长沙黄花机场。

园区内有三栋高层冷库，建筑面积 9 万平方米，冷库库存容量 11.4 万吨，其中低温库容量为 10.5 万吨、高温库容量为 9000 吨。制冷系统采用氨泵机组实现库房温度自动控制。同时，园区采用自动喷淋消防系统，装备电子监控系统，配有专业装卸平台及设备，两条供电线路，采用最先进的仓储管理信息化系统，用以满足各项仓储业务的需求。公司配备可控制温度在-25~5℃的各种冷藏集装箱和保鲜冷藏专用车辆，依靠先进的 GPS 定位导航系统和 TMS（运输管理系统）以及物联网可视射频技术提供科学有效的信息网络化技术支撑，实现冷链一体化管理。

3. 资兴市达达农产品冷链物流有限公司

资兴市达达农产品冷链物流有限公司（以下简称“资兴达达”）创建于 2009 年，注册资本 1000 万元，是郴州市农产品冷链物流企业，位于资兴市经济开发区罗围食品工业园，集农产品收购、加工、冷冻、冷藏、批发、配送于一体，总建筑面积达到2.2万平方米，2015年获得郴州市农业龙头企业称号。2014年8月，公司获得国家3A级物流企业称号。2015年1月1—2日、2015年9月30日，公司成功举办两次资兴市农民合作社暨农业龙头企业农产品展销会。2015年3月，公司获国家质押监管优秀企业称号。2015年5月，资兴市物流中心经湖南省交通厅批准正式落户公司，获得国有资本1000万元的资金入股。资兴达达依托当地丰富的资源，确立全新的开发理念，充分发挥自身的经济、技术、人才优势，将公司打造成了综合性多功能现代企业。

目前，资兴达达拥有面积达4800平方米、库容达2000吨的冷冻冷鲜库8个，每年冷冻鲜肉、鲜鱼等产品2000吨以上；面积达1200平方米、库容达2000吨的农产品恒温库1个，每年可冷鲜蔬菜、水果等6000吨以上；面积达4000平方米的农产品展示厅1个。此外，资兴达达还拥有各种运输车辆30余台和1万平方米的停车场1个，一次性可泊大型货车100多辆；面积达2000平方米的物流配送中心1个，面积达4000平方米的综合信息中心1个，年货物运输量达150万吨。

资兴达达近两年建立了大型物流、零担物流、快递物流的物流综合体系，拥有上百台配送车辆，组建了物流联盟，实现资源共享，截至2015年年底，在全国物流行业业务萎缩50%的恶劣形势下，资兴达达逆势上扬，第三方物流业务量达20万吨，预计未来每年业务量将以30%~50%的幅度增长。资兴达达建好了低温库、速冻库、气调库等多种冷库设施设备，为资兴市27家企业单位、7家大型超市提供配送服务，新建了两家直营连锁超市，为全国6家大型水果营销企业提供水果销售服务。

4. 湖南黄兴冷链物流股份有限公司

湖南黄兴冷链物流股份有限公司的注册资本为4000万元，成立于2010年7月。公司以为绿色食品安全保驾护航为宗旨，以亿万人民健康为己任，以勇于承担社会责任、努力实现企业价值并维护客户利益、搭建员工成长平台、精心打造行业标杆、用心铸就行业品牌为使命，以及时、贴心、专业、安全的服务理念，为广大客户提供包括水果、乳制品、蔬菜、肉制品、速冻食品等多种食品在内的信息、仓储、交易、加工、配送及食品卫生检疫、冷链物流管理咨询等专业化服务。

公司坐落在长沙县黄兴镇仙人市村，占地面积60多亩，距长株高速仙人收费站出口一千米。位于地理位置优越、交通条件便利的长株潭的核心区域。具体而言，公司邻近机场高速、长株高速、长沙大道，距长沙黄花国际机场、长沙武广高铁站、长沙火车站都较近，并临近长沙高桥大市场和长沙红星大市场。

湖南黄兴农产品冷链物流中心项目建于 2011 年，由湖南黄兴冷链物流股份有限公司自筹资金自购土地完成项目建设。项目建设包括：①冷库二栋，设计库容达 13 万立方米，建筑面积达 27000 平方米，年吞吐量可超过 10 万吨。②配套设施，涵盖物流配送中心、综合办公楼、前坪、道路、绿化、员工宿舍、员工食堂等。该物流配送中心形成了农产品现场交易与物流配送相结合、自营与仓储外包相融合的多功能专业农产品冷链物流体系。

公司未来规划在公司现址周边征地 50 亩（用地指标已批），用于后期项目的建设。建设内容包括加工分拣包装中心和冷链物流运输干线、农产品冷链快速品仓储，并计划进一步完善服务设施和云数据信息平台建设，将公司打造成集农产品冷链运营与综合物流于一体的综合性农产品冷链物流产业链示范园区。

1.2 现状分析

1.2.1 研究现状

1. 生鲜农产品安全研究现状

在我国，生鲜农产品安全得到了社会的广泛关注，学界对其进行了系统研究，并取得了一定的研究成果。

在生鲜农产品安全体系方面，杨博文以长沙市的农产品质量现状为基础，提出应该建立从生产、收购、运输到销售整个环节的农产品质量安全保障体系（杨博文，2016）。孔令孜等对美国、加拿大、韩国、日本等发达国家的农产品质量安全体系进行研究，提出了从监管体系、法律法规体系、检测体系、认证体系及追溯体系建设等方面对我国的农产品质量进行监管（孔令孜等，2018）。刘爱军、杨春艳通过走访调查南京市的农贸市场了解到南京市为保障生鲜农产品安全而做出的相应措施，提出从政府、社会、消费者三个角度改善生鲜农产品质量安全的管理策略（刘爱军、杨春艳，2015）。

在生鲜农产品安全技术方面，钱永忠总结了中国农产品质量安全在标准化体系、检测监测技术水平、全程监管能力、责任落实方面取得的成效，提出了农产品质量安全技术的发展趋势为检测监测技术小型化智能化、风险评估技术系统化精细化、溯源鉴别技术集成化物联化（钱永忠，2018）。柯杨等详细介绍了农产品质量安全现状，并针对性地提出品质检测、农药残留检测、农业环境监测、自动鉴定技术、网络与数据库技术等农产品质量安全技术（柯杨等，2017）。肖严详细分析了农产品质量安全检测技术存在的问题，并在此基础上提出了优化农产品质量安全技术体系，为生鲜农产品安全提供技术保障（肖严，2016）。

2. 生鲜农产品冷链研究现状

国内外对于生鲜农产品冷链物流的研究首先集中于冷链物流宏观发展现状的综述，水产品、肉制品和果蔬等特定物品冷链物流的研究，其次侧重于农产品冷链物流效率和冷链物流的模式管理等方面。

在冷链物流的宏观发展方面，孙晓云、李学工提出了影响我国农产品冷链物流发展前景的主要问题，并针对问题提出了相应的改善措施（孙晓云、李学工，2015）。苏国贤、李富忠认为需通过大力发展第三方冷链物流提升我国蔬菜物流的信息化水平和蔬菜全程冷链运输的普及率，并具体指出利用物联网等新技术构建物流信息平台等措施（苏国贤、李富忠，2012）。Salin 等人研究了部分发展中国家出口食品的冷链网络（Salin et al.，2003）。Bogataj 等人和 Montanari 均认为冷链物流的关键影响因素是温度和时间，其极大地影响了食物的腐败速度（Bogataj et al.，2005；Montanari，2008）。孙春华认为正是由于落后的冷链技术、少量的冷链基础设施和不成熟的冷链市场环境等因素制约了我国冷链物流的发展，只有通过提高政府的协调能力，完善行业内标准，加强品牌建设等措施，才能解决我国生鲜农产品冷链物流存在的问题（孙春华，2013）。Foreinio 和 Wright 以及 James 等人均认为冷链运输既可以降低农产品的腐坏率，又可以提高农产品供应链的运行效率（Foreinio and Wright，2005；James et al.，2006）。Zack 提出了一些有效措施使冷链物流系统得以正常运作（Zack，1998）。

在冷链物流效率研究方面，成耀荣、张蜊彬、陈悦构建了冷链物流产业解释结构模型，阐明模型的形成机理，评估其潜力，并通过实例证明模型的科学性（成耀荣、张蜊彬、陈悦，2016）。王忠伟、赵芳妮运用实际调研的方法，选取冷链物流技术的使用、绿色农产品的市场性等影响因子，构建出相应的模糊综合评价模型，并运用算例验证结果具有重要的参考价值（王忠伟、赵芳妮，2015）。高敏运用有序多分类逻辑回归模型分析果蔬批发市场冷链流通的影响因素，并基于实证分析提出改进意见（高敏，2016）。王勇、张培林从运作能力、冷藏能力、物流信息能力和人员沟通能力四个维度构建出冷链物流质量评价指标体系，并基于实证分析提出服务质量提升的建议（王勇、张培林，2016）。Tongzon 运用

DEA（数据包络分析）方法分析了国际集装箱港口的效率（Tongzon，2001）。Min 和 Joo 使用 DEA 方法研究冷链物流企业的效率水平，其中将利润衡量指标作为产出变量进行深入研究（Min and Joo，2006）。

在针对不同农产品流通模式的研究方面，樊洪远依据电子商务的发展现状，提出了“农民+农村合作社+B2C 电子商务+第三方物流”的供应链模式，并提出了供应链的发展建议（樊洪远，2014）。马小雅、黄武分析了广西生鲜农产品冷链物流模式运营中存在的问题，提出了“互联网+”新模式，从而开创线上与线下相结合的新局面（马小雅、黄武，2016）。王忆南研究了农超对接与冷链物流配送中心之间的关系，构建了以功能完善的大型冷链配送中心为核心的生鲜农产品冷链物流配送新体系，并依据浙江省实际情况提出其配送体系的完善意见（王忆南，2014）。赵剑认为管理能力弱、质量检测不足和交易方式落后是目前以批发市场为中心的物流模式存在的主要问题（赵剑，2010）。刘建鑫、王可山、张春林分析出生鲜农产品电子商务企业存在的主要问题，并提出了在基础建设、品牌意识、成本控制和人才培养等方面的解决策略（刘建鑫、王可山、张春林，2016）。Ruben 等人以供应商直接采购和批发商采购这两种方式分析蔬菜供应物流的现状（Ruben et al.，2007）。Panda 等人分析了易腐季节性产品的库存模型（Panda et al.，2007）。朱仕兄认为传统生鲜农产品信息滞后、供应链构建缺失、组织化程度低等问题是影响生鲜农产品物流发展的主要因素（朱仕兄，2012）。

3. 生鲜农产品溯源研究现状

生鲜农产品溯源是利用冷链物流供应链全程跟踪记录信息，对生鲜农产品冷链物流从生产到销售终端链条关键质量安全信息进行源头的逆向查询与追溯（Frederiksen et al.，2002；Ringsberg and Mirzabeiki，2014）。生鲜农产品涵盖了水果蔬菜、浅深水产品、家禽牲畜等不同种类。因不同农产品的特点不同，研究学者通常按照生鲜农产品的类别差异分类研究其供应链质量可追溯体系。因此，从果蔬、畜禽、水产三个类别对已有研究成果进行划分。

（1）果蔬溯源研究现状。

Mainetti 等人通过集成无线射频识别（RFID）与电子产品编码（EPC）标准技术，研究构建了一种面向生鲜果蔬冷链过程的新型低成本追溯模型与系统（Mainetti et al.，2013）。姚蓉从政府、企业、消费者三个不同视角，分析了西安市蔬菜供应链的主要模式，构建适用西安市的蔬菜供应链追溯系统（姚蓉，2013）。Sadiwnyk 认为蔬菜供应链上的参与主体，即消费者、供应商、政府等，参与配合的积极程度对可追溯系统的运行效果有较大的影响（Sadiwnyk，2004）。朱洁兰认为杭州的生鲜农产品可追溯体系应由生鲜农产品专题信息制图系统、生鲜农产品供应链安全可追溯系统平台以及 Web GIS（网络地理信息系统）的生鲜农产品原产地追溯系统组成（朱洁兰，2014）。马鸿健详细分析了供应链各环节溯源编码方案、溯源信息内容以及信息可靠传递等问题，提出了蔬菜供应链溯源模型，并基于物联网技术、数据库技术和 Web 网站开发技术，提出可追溯系统的新框架模型（马鸿健，2014）。焦宁明确了吉林省蔬菜质量安全追溯体系的关键指标，并为保证追溯信息保密安全的问题，设计出外部和内部两种追溯码，其中外部追溯码是为消费者查询提供的编码，是采用加密的方法生成的，而内部追溯码仅供系统内部使用（焦宁，2014）。

（2）禽畜及肉制品溯源研究现状。

费亚利以政府强制性猪肉质量安全可追溯体系为研究的对象，以成都市为实例，对体系中主体的参与意愿和影响要素进行论证分析，基于此构建了该模式下可追溯体系的运行效果评价模型，并选取成都市实际数据进行模型计量分析（费亚利，2012）。Feng 等通过采用 RFID 数据采集技术获取并构建牛肉冷链物流过程中的温度关键质量控制参数信息溯源系统模型，设计开发了牛肉冷链溯源系统，实现了对牛肉冷链品质的实时监控与可追溯（Feng et al.，2013）。张雅燕将猪肉作为研究对象，分析其质量安全可追溯体系的运行机制，提出养殖户规模及人员素质程度、运行成本、对可追溯猪肉的认知度与统一的农产品质量追溯平台是制约猪肉质量安全可追溯体系发展推广的 4 大因素（张雅燕，2014）。

（3）水产品溯源研究现状。

周慧以水产品为研究对象，设计了供应链追溯系统，并将商品条码标准引入系统编码设计，同时使用系统快速定位和基于模糊理论的 CBR（基于案例的推理）算法的方法定位问题源头（周慧，2010）。毛志慧从质量追溯精度视角出发，将虾的批次混合作为切口，重新分配设计原料和订单两者的批次，并得出最佳方案，从而提升追溯的精度（毛志慧，2012）。周真阐述了我国现有的水产品安全可追溯体系建设的实践状况，分析其存在的主要问题，结合发达国家的经验，提出了构建完善的标准规范体系、政策法规体系、法律法规体系、水产品质量安全信用体系，并给出了一些关于提高各主体间的互相协调配合度的建议（周真，2013）。

在国内外众多学者的研究下，对生鲜农产品冷链智慧溯源的认识上了一个新的台阶，然而生鲜农产品冷链智慧溯源的实际应用现状却不如研究现状乐观，生鲜农产品冷链智慧溯源服务一直处于供不应求的状态。

1.2.2 应用现状

近几年，由于城乡居民不断提高的生活水平与人们多次变化的消费习惯，人们消费的潮流趋向于安全、营养、新鲜、方便和多样的优质低温食品（王永锋等，2012）。以畜禽产品、水产品和果蔬产品为三大代表的冷链物流日益升温，奶制品、深海产品、保鲜蔬菜等高品质低温食品的需求量日益上涨，致使冷链食品业成为当今世界发展较快的行业之一。

根据发达国家的相关研究，在人均 GDP 达到 4000 美元（约 25188 元）之后，生鲜农产品的市场将呈现快速发展的特点。根据 2017 年我国各省区市人均 GDP 统计数据，目前我国已经达到该标准的省区市共 25 个（见表 1-1），表明冷链物流已进入了高速发展时期。

表 1-1　　2017 年我国各省区市人均 GDP 前 25 名

序号	省区市	人均 GDP（万元）	序号	省区市	人均 GDP（万元）
1	北京	13.76	14	湖南	4.94
2	上海	13.61	15	海南	4.88
3	江苏	10.72	16	安徽	4.77
4	浙江	9.32	17	河南	4.70
5	福建	8.69	18	新疆	4.61
6	广东	8.27	19	四川	4.58
7	天津	7.98	20	江西	4.39
8	重庆	6.55	21	青海	4.17
9	湖北	6.38	22	河北	4.09
10	山东	6.36	23	吉林	4.01
11	内蒙古	5.90	24	山西	3.92
12	陕西	5.62	25	贵州	3.81
13	辽宁	4.96			

数据来源：国家统计局。

大型商场、专卖店等新型零售业的发展，使得各卖场中的生鲜农产品所占比例不断增加。商家也不断加大生鲜农产品的销售力度和采购力度，从而扩大生鲜农产品的市场容量。

然而，生鲜农产品安全状况堪忧，农药残留、重金属超标、硝酸盐超标成为影响生鲜农产品质量安全的三大“隐形杀手”。“毒豇豆”“问题黄瓜”“漂亮豆芽”等恶性事件的发生均刺激着我国传统生鲜农产品质量安全监管体系的转变。因此，需构建生鲜农产品冷链智慧溯源系统，加强生鲜农产品供应链全程透明化程度，加大监管力度，以实现生鲜农产品冷链物流信息可追溯，保障生鲜农产品安全（沈敏燕，2017）。

目前，我国还未建立完善的生鲜农产品冷链智慧溯源系统，存在冷链运输率低，生鲜农产品的源头管控能力弱，末端销售环节的卫生状况和冷藏条件不达标，没有明确的中间环节流转信息等问题。因此，如何有效地管理控制生鲜农产品的流通全过程，实现物流全程信息的透明化，确保温湿度敏感型的生鲜农产品品质及口感具有一致性，维护消费者的权益显得尤为重要。

1. 生鲜农产品安全现状

（1）生鲜农产品安全事件频发。

近年来，生鲜农产品安全事件频频发生，畜禽类、果蔬类、水产类、奶制品类均出现安全问题。本书对中国食品监督网的食品曝光栏进行统计分析，发现65.47%的食品安全事件中涉及的食品均为生鲜农产品类，并列举出我国典型生鲜农产品安全事件，如表1-2所示。

表1-2　我国典型生鲜农产品安全事件

类型	事件	时间
畜禽	上海市各大卖场调查：冷鲜鸡保存温度不达标成为“通病”	2016年11月
	北京市食药监局查获6批次含安眠药猪肉	2017年4月
果蔬	网售菌子价格低、暗藏猫腻，物流保鲜技术不靠谱	2015年7月
	来宾市食药监局抽检：8批次蔬菜被检出铅、镉等	2017年7月
水产	河南通报25批次不合格食品，华润万家卖的白对虾上榜	2018年5月
	海南抽检冷冻饮品和水产品，8批次不合格产品曝光	2016年7月
奶制品	森永召回立顿奶茶等约32万盒奶制品	2012年6月
	广西2批次乳制品：高钙水牛奶大肠菌群最高超标44倍	2016年1月

数据来源：中国食品监督网。

（2）生鲜农产品破损率高。

伴随着经济全球化的不断深入发展，我国逐步融入全球经济圈，缩小与发达国家的差距，大幅提高了我国的经济竞争力。但是，我国生鲜农产品的质量控制和安全性仍然存在很大差距。据相关统计，我国生鲜农产品破损率超过35%，淡水鱼腐化率超过35%，水果和蔬菜流通损失每年有数千亿元。大多数发达国家的平均食物损失率为5%，美国的食物损失率还不到3%。此外，发达国家通过冷藏车运输的易腐产品占比达到90%，而我国仅有15%。在我国，水产品的新鲜销售占总捕获量的65%~70%。在加工产品中，70%是冷藏保鲜和冷冻的。生鲜农产品物流供应链具有"高成本、高消耗、利润小"的特性，且容易造成物流过程中的食物腐烂，导致生鲜农产品行业呈现出长期的负面公众形象。

（3）生鲜农产品各环节缺乏监管。

目前生鲜农产品流通各环节对质量安全的控制水平还比较低，主要表现为农产品质量意识不足。供应商采购的生鲜农产品产自规模小的零散农户，这些农户缺乏质量安全知识，凭经验进行生产，缺乏专业部门的监管。由于生鲜农产品的变质特点不明显，现行物流企业的运输目标"仅"是保证生鲜农产品外观不变，这个过程缺乏对运输质量的监管。零售商和分销商收购过程中很少有对生鲜农产品农残等其他卫生安全指标的检测要求，收购与定价主要依据产品的外观和品质，缺乏质量监管。一旦发生农产品质量安全事件，难以得到有效、迅速控制，无法实施动态追溯监测。

2. 生鲜农产品冷链现状

（1）冷链物流基础设施能力严重不足。

在我国，冷链物流的基础设施建设的总规模不大，人均冷库储存容量仅有7千克。相比于货运汽车，冷藏保温车的使用率仅有0.3%，大部分生鲜农产品运输和装载到不符合国际标准的场所内。并且现有的制冷设施一般陈旧、老化，近一半的国有冷库已经使用了30多年；冷库分布区域不均；中部和西部农业地区缺乏大型冷库，承担全国70%以上生鲜农产品批发交易功能的区域性农产品配送中心、大型农产品批发市场等关键物流节点的冷冻冷藏设施匮乏。

（2）物流链各个环节信息阻塞。

冷链的物流机制透明化和平稳化建设不足。在运输过程中因环节脱钩致使生鲜农产品滞留，增加了货物损坏的风险。除了外贸出口的部分以外，我国生鲜农产品的物流运输工作大部分是由制造商和经销商完成的，食品冷链第三方物流发展较晚，信息系统和服务网络不完善，影响了生鲜农产品的物流质量、运输的准确性，同时导致了运输食品冷链的高成本。

（3）冷链需求与冷链服务供给能力不匹配。

我国每年易腐食品消费量达 10 亿吨，有 50%以上需要冷链运输，但实际上只有 10%左右进行了冷链运输。根据相关数据，我国冷藏食品的分配率仅为 19%，而在发达国家，冷藏食品的分配率则超过 90%。其中，发达国家肉类、家禽的冷链流通率为 100%，水果和蔬菜的冷链流通率为 95%，而我国肉类、家禽的冷链流通率仅为 15%，水果和蔬菜的冷链流通率低至 5%。目前，我国生鲜农产品大都在常温环境下流通，产品易腐损，产生了较大的价值损失。根据长沙市商务局公布的数据，全市 100 家主要快速消费品零售企业中，使用常温配送中心的企业多达 95 家，但建设和使用生鲜物流配送中心的企业还不到 10 家，且大多已有的生鲜物流配送中心设备和配送能力非常有限。生鲜物流配送中心的使用率超过 3%（周雅，2013）。

3. 生鲜农产品溯源现状

（1）可追溯化应用需求大。

随着我国企业的不断发展，生产方式的发展和生产过程的逐步完善，产品问题的现象、特点将变得越来越复杂。通过简单的识别和记录，消费者很难跟踪整个过程。例如，一些生产规模较小的食品加工企业注重各种认证，但它们轻视监督，不执行国家标准，使得产品质量大幅下降。同时，食品在生产和流通的不同阶段无法形成一套完整的标识。即使市场上的产品对消费者有害，也不可能立即撤回一批产品，并且难以识别产品问题并调查事件的责任人。如何有效跟踪产品问题已成为一个需要解决的紧迫问题。研究和开发适合企业发展战略的质量安全追溯系统，引入企业数字质量安全追溯系统，已成为中国企业高质量信息化发展的方向之一。

（2）溯源体系要求严格。

国家相继出台了一系列文件和法律法规，以期解决生鲜农产品的质量安全问题。2004 年，由原国家食品药品监督管理总局颁布的《生鲜产品跟踪与追溯应用指南》对生鲜产品各环节的追溯标识、编码等做了详细的规定。2006 年颁布的《中华人民共和国农产品质量安全法》建立了农产品质量安全风险评估机制，要求政府负起相应职责，规范农产品生产，促进生产技术的推广，加强科学操作意识。2009 年全国人大常委会颁布实施的《中华人民共和国食品安全法》规定食品生产企业应当加强食品监管，建立健全食品原料、添加剂和产成品等检验记录。2011 年农业部颁布的《农产品质量安全发展“十二五”规划》加强了农产品质量溯源体系的建设，对农业标准化生产、检验检测体系建设、农业投入品安全和监管体系的建设提出了明确要求。2015 年 5 月，中共中央总书记习近平在中共中央政治局第二十三次集体学习时强调加大力度抓好农产品质量安全，完善农产品质量安全监管体系，让人民群众吃得安全放心。2016 年召开的第十二届全国人民代表大会第四次会议上农业部部长韩长赋强调进一步提升农产品质量安全水平，加强农产品监管，建立农产品从产地到销地的全程质量安全溯源体系。

（3）溯源平台应用少。

目前我国的冷链物流体系复杂，信息不对称程度较高。加上冷链物流本身供应链环节众多，冷链物流技术发展相对落后，相应的冷链物流管理机制还不完善，使得食品冷链物流环节中的质量管理难度大、矛盾突出，最终难以构建为消费者提供安全透明的食品冷链物流质量安全追溯服务的冷链溯源平台（肖新清，2017）。生鲜农产品的溯源应用面不广，全国范围内有上海食用农副产品质量安全信息查询系统、北京市农业局食用食品（蔬菜）质量安全追溯系统、中国肉牛全程质量安全追溯管理系统、世纪三农“食品安全溯源管理系统”等 5 个完整的生鲜农产品溯源平台。这些溯源平台仅应用在大型的连锁超市或大型食品企业，而人们日常生活接触较多的农贸市场和小型超市并没有应用溯源平台。

鉴于这种现状，政府和企业不断地探寻解决食品安全问题的有效途径，以提高生鲜农产品在整个流通过程中的质量。如建立统一的食品技术标准和国际化的食品质量安全框架；设立独立的食品安全委员会，成立食品安全统一监管机构；建立食品安全可追溯系统，实现食品安全的精确化管理；完善食品质量安全法律法规体系，促进食品统一、规范管理。

生鲜农产品物流配送的特点决定了物流企业迫切需要先进的配送模式、配送路径优化技术、质量控制技术及软件信息系统对配送过程进行跟踪控制。对生鲜农产品配送过程中各个指数的监控以及全程可追溯系统的研究，是控制生鲜农产品质量的有效途径，因此本方案具有重要的理论研究意义和广泛的应用意义。

1.3 研究思路

1.3.1 设计目标

冷链智慧溯源系统设计开发主要包括以下三项目标。

1. 提高物流企业未来市场占有率

物流行业同质化程度高，物流企业要想摆脱同质化就需要提高企业的竞争力，得到更多的市场占有率。冷链物流是当下前景较广的物流方向，多数物流企业想要依托冷链物流增强自身核心竞争力，但由于技术能力水平不达标，一直没有摆脱同质化的现状。满足客户的需求能够帮助物流企业提高市场占有率，这需要增加智能设施设备、智慧平台，提高企业冷链水平。

2. 降低物流企业的运作成本

物流运作过程中出现的不及时、不精确、不全面等信息反馈问题，会导致物流企业人力和物力资源的浪费与占用，同时信息化程度低，需要人工手动操作，增加了运作成本。因此，物流企业需要提高信息化程度，对人员进行合理安排，减少因为反馈不及时造成的成本增加。

3. 满足客户的可溯化需求

生鲜农产品安全事件频发促使消费者要求零售商、分销商、供应商提供安全凭证，在证明生鲜农产品安全这一过程中，物流企业作为其中一个重要的环节，需要为客户提供安全展示凭证。因此，物流企业需要提高可溯化水平，实时记录生鲜农产品运输途中的数据，并且保存回放，让消费者和客户都能够直观地了解运输途中的详细情况。

1.3.2 设计理念

冷链智慧溯源系统设计开发主要包括以下三项理念。

1. “健康中国”发展理念

2016 年国研智库论坛指出，“健康中国”建设将成为医疗卫生行业在“十三五”阶段的努力方向和目标。“健康中国”涵盖健康社会、健康环境、健康产业、健康人群四个方面，最终要实现人的全面发展。“健康中国”的建设，下一步将致力于为所有居民提供健康的自然和社会环境，提供健康的生活方式和生活行为。而当下生鲜农产品安全事件频发[①]，因此要实现“健康中国”目标，就需要保障生鲜农产品安全。这种理念指引了生鲜农产品冷链物流产业的发展方向，推动了冷链物流产业模式升级，对生鲜农产品冷链产业具有深远的影响。

2. 物流全程可视化

目前生鲜农产品冷链行业效率低下的原因并非成本提高，而是因为物流运输途中信息的不公开，可能存在停留、等候或者不标准的装卸时间等问题，从而无法保证生鲜农产品的质量。只有透明和连接才能产生精确的数据，海量数据将开启生鲜农产品冷链业光明的未来。主要体现在以下几点。

第一，可视运输车和生鲜农产品的状态信息。车的状态信息包括车体的信号情况、车辆的运输情况等信息；生鲜农产品的状态信息包括生鲜农产品的生产基本信息、运输状态的信息，即运哪一类的生鲜农产品，生鲜农产品的物理、化学性质是否异常。

第二，可视订单流转及流程作业信息。这一流程包括了生鲜农产品经过中转站的线路、时间，在分拣时停留的时间，派送员等信息。

第三，促成生鲜农产品的需求链。以需求源头驱动生产和运输过程的可视化，包括运输、仓储、配送整个过程，最后形成完整的可视链。系统提供接口，连接入库之前的所有信息，让消费者可视生鲜农产品的整个链条，包括生产、物流、销售。

3. 智慧物流理念

2016 年《“互联网+”高效物流实施意见》要求交通运输部、商务部、工业和信息化部等有关部门从各自职能领域出发部署了推进“互联网+”高效物流相关工作，为推动智慧物流发展营造了良好的政策环境。智慧物流是物流业供给侧结构性改革的重要抓手，通过互联互通和协同共享，能够释放存量资源的使用价值，激发增量资源的投资效益，重塑产业分工和资源分配体系，开辟产业提质增效的新路径。“智慧物流”更重视将物联网、传感网与现有的互联网整合起来，通过以精细、动态、科学的管理，实现物流的自动化、可视化、可控化、智能化、网络化，进一步提高资源利用率和生产力水平，创造更丰富的

① 国家卫生计生委卫生发展研究中心．“国研智库论坛·新年论坛 2016”的圆桌讨论［Z］．2016-01-16.

社会价值①。

系统实时采集运输途中的信息，并展示给企业管理人员以及消费者，同时企业可以对突发情况进行应急处理，实现物流的可视、可控以及智能化。

冷链智慧溯源系统设计开发主要包括以下六项原则。

（1）实用性原则。

冷链智慧溯源系统是一种服务性质的系统，目的在于为消费者提供信息查询服务，便于物流企业的管理，因此系统必须有着较好的实用性才能在实际应用中获得推广。系统的实用性是系统设计与开发的关键，只有消费者认为该系统好用、易用，具有实用价值，才会受到消费者的青睐，才能够确保系统不被淘汰。

（2）先进性原则。

系统设计除了实用以外，还必须具有一定的先进性，这样才能吸引消费者使用。系统的先进性主要考虑以下六方面的先进性：一是系统整体架构的先进性；二是网络服务平台的先进性；三是网络实体的先进性；四是系统的结构与整体布局的先进性；五是数据库的设计的先进性；六是系统的实际应用的先进性。

（3）安全可靠性原则。

冷链智慧溯源系统作为面向消费者的信息查询平台，该平台的工作可靠性尤其重要。安全可靠性是上述两项原则的基础，也是对于系统平台最基本的要求，只有系统平台能够安全可靠运行，才能体现出系统设计的实用性与先进性。系统应用的安全可靠性需要从硬件系统平台，软件开发平台、系统网络组件等几个层面进行考量，同时系统平台设计的严谨性也是安全可靠性的保障。

（4）可扩展性原则。

冷链智慧溯源系统目前正处于实践探索阶段，因此系统在设计过程中应当保证一定的可扩展性。当系统在实际应用时，需要不断进行完善，比如增加对更多追溯环节的信息追溯，以及增加统计等其他功能，这就需要系统在设计过程中遵循可扩展性原则。

（5）经济性原则。

系统在设计过程中需要考虑到经济性，毕竟企业的最终目的是实现盈利。经济性主要体现在两个方面，一个是系统开发的经济性，另一个是系统运行维护成本的经济性。

① 国家发展改革委．“互联网+”高效物流实施意见［Z］．2016-07-29.

（6）可维护性原则。

可维护性是衡量系统的可修复性和可改进性的难易程度。一方面，如果系统发生了故障，之后是否能够回归正常；另一方面，系统是否具有改进现有功能，增加新功能的可能性。设计目标日益标准化、规范化，软件的结构化可通过分层设计来实现。可将业务与实现流程分离，逻辑与数据分离，使用开放的分层标准，以统一的服务接口为核心，通过系统管理模块对数据进行备份，以及对日志等进行管理和维护。

1.3.3 设计框架

1. 方案设计思路

方案以生鲜农产品冷链智慧溯源系统为主题，助力物流企业生鲜农产品冷链物流发展。方案设计思路如图 1-1 所示。

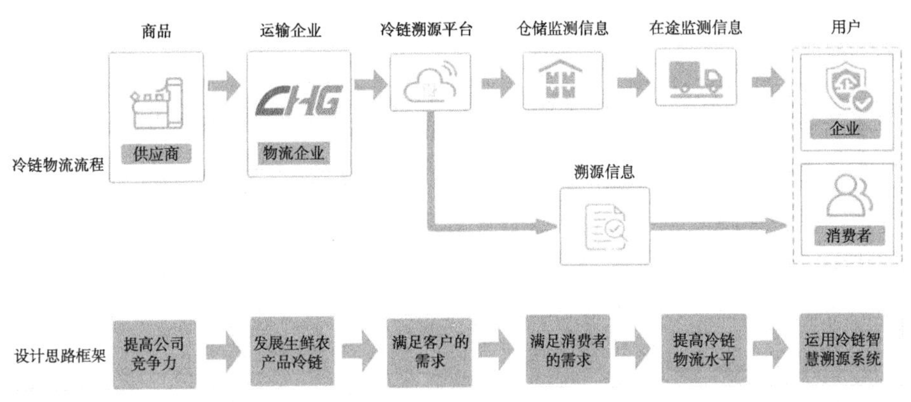

图 1-1　方案设计思路

物流企业需要提高竞争力。突破物流企业的同质性困境，需要以现有药品食品仓库为基础，发展生鲜农产品冷链物流，以优质的服务占有湖南省的生鲜农产品冷链市场。

物流企业需要以优质的服务吸引客户，因此需要了解客户的需求，针对客户的需求提供相应的服务。而客户的需求来源于其下一级消费者的需求。

物流企业需要满足消费者的需求，物流企业除了需要将生鲜农产品运输到分销商、零售商处，还需要针对消费者的需求提供安全凭证（可视信息），从而帮助客户吸引更多的消费者，进而帮助自身获得更多的客户及订单。

因此，物流企业需要一个可视化的冷链溯源平台。从供应商将产品运输到恒广物流的仓库中开始采集监测信息，并将这些数据实时共享给系统使用者，之后再将运输途中的信息进行共享，同时为消费者提供运输途中信息的全程展示，如图 1-5 所示。

2. 方案设计框架

本节在对生鲜农产品安全发展现状分析的基础上，为提供安全的生鲜农产品冷链物流，满足消费者的安全需求，助力恒广物流打造“智慧物流园区”，促进恒广物流核心竞争力的提高，提出了生鲜农产品冷链智慧溯源系统设计与实现的整体方案。

在对生鲜农产品安全现状分析方面，结合国内外研究现状，以及湖南省物流园区的经营范围、智慧物流平台发展现状，明确实现生鲜农产品物流溯源的发展条件及可行性。

在对生鲜农产品安全问题分析方面，通过消费者和企业两个视角了解生鲜农产品安全的具体问题。在消费者视角下，通过采集消费者在社交平台上发布的有关生鲜农产品安全的帖子并对其进行文本挖掘，了解消费者眼中的问题。在企业视角下，通过收集相关企业数据，知道企业需要解决哪些问题。

在对生鲜农产品冷链智慧溯源系统设计方面，通过系统关键技术分析、系统需求分析、系统功能设计三部分展开。在系统关键技术分析中，了解现有冷链智慧溯源系统的智慧性现状并分析提高其智慧性所需技术。在系统需求分析中，详细分析冷链智慧溯源系统的功能需求和非功能需求。在系统功能设计中，全面设计系统的数据库及功能模块等。

在对生鲜农产品冷链智慧溯源系统实现方面，首先通过 Axure 软件对系统的原型进行设计，再通过 .NET 语言对系统进行实现，并申请了计算机软件著作权。

在对生鲜农产品冷链智慧溯源系统评价方面，是从经济效益和社会效益两个视角对系统进行评价，再分析系统的不足，并以不足为起点进行系统的后续开发，最终得出生鲜农产品冷链智慧溯源系统设计与实现的完整方案。

方案设计框架如图 1-2 所示。

研究阶段
研究内容
研究目标
现状分析
生鲜农产品安全现状
生鲜农产品冷链现状
生鲜农产品溯源现状
了解发展现状
问题分析
消费者对生鲜农产品的安全需求
分销商、零售商对生鲜农产品的安全需求
了解现存问题
系统设计
系统关键技术分析
系统需求分析
系统功能设计
明确系统功能
系统实现
智能订单管理子系统实现
智能数据监测子系统实现
实现智慧溯源可视化
实现溯源系统
系统评价
系统的经济效益与社会效益
系统的不足与后续开发
进行系统评价

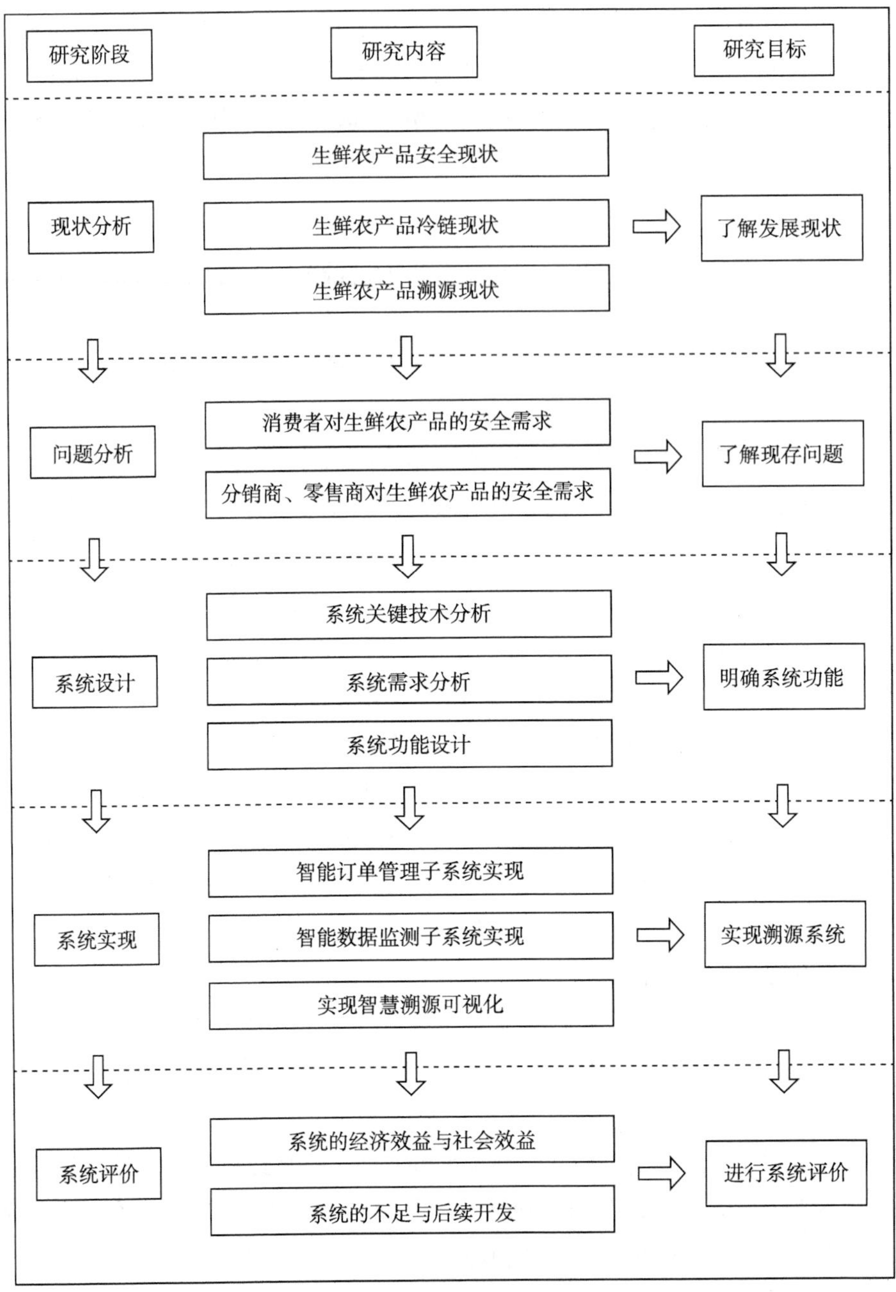

图 1-2 方案设计框架

2　生鲜农产品冷链智慧溯源系统设计相关理论和方法

本章主要对生鲜农产品冷链智慧溯源系统设计的相关理论和方法进行介绍。首先，介绍了生鲜农产品冷链智慧溯源系统的演化过程；其次，阐述了生鲜农产品冷链智慧溯源系统的特征；最后，描述了生鲜农产品冷链智慧溯源的方法，如图 2-1 所示。

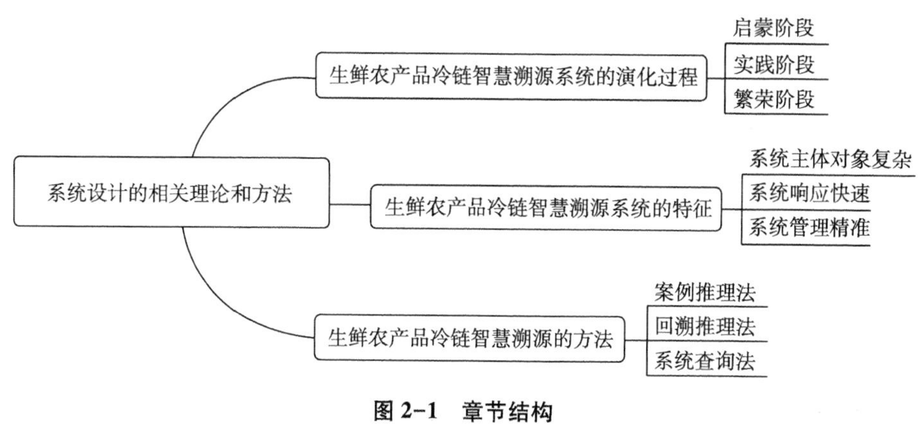

图 2-1　章节结构

2.1　生鲜农产品冷链智慧溯源系统的演化过程

生鲜农产品冷链智慧溯源系统通过对生鲜农产品的质量进行监测与溯源，保证生鲜农产品冷链物流的安全、可靠、透明。生鲜农产品冷链智慧溯源是指生鲜农产品从供应源头到消费者手中，利用冷链保鲜技术、冷链溯源技术，对其进行分类、包装、运输、销售和监管溯源（李宏，2006）。冷链溯源体系由冷链物流发展而来，由于冷链物流并未达到生鲜农产品的安全、保鲜的要求，为监管生鲜农产品冷链物流的健康运营，生鲜农产品冷链智慧溯源应运而生。冷链智慧溯源系统的发展，大致分为以下几个阶段。

1. 启蒙阶段

冷链智慧溯源系统的启蒙阶段为冷链物流的应用基本普及。

20 世纪 30 年代，美国和欧洲国家的生鲜冷链已建立起来，家庭和商超利用制冷设备对生鲜农产品进行保鲜和冷冻。其中，最具代表性的是荷兰的生鲜冷链物流体系。荷兰盛产奶牛、蔬菜和花卉的国情，促使其冷链物流快速发展。荷兰积极发展制冷技术和设备，使得生鲜农产品的腐损率低至 5%，保证了生鲜农产品的质量。除此之外，荷兰还利用高效的信息化技术，将生鲜农产品整个流通供应链连成一体，孕育出生鲜冷链溯源体系的萌芽。

同时期，加拿大的生鲜冷链体系发展迅速。与荷兰不同的是，加拿大是生鲜冷链溯源的硬件萌芽地。在冷链溯源的技术、人才和管理方面均取得了一定的成果。在冷链溯源的技术方面，加拿大在冷链物流中运用了自动识别技术、EDI（电子数据交换）技术以及 GPS 技术等，降低了生鲜农产品的运输损耗和成本。在冷链溯源的人才方面，加拿大设立专门的机构进行人才培训，建设冷链溯源物流人才队伍。在冷链溯源的管理方面，加拿大成立了农业协会和物流协会，通过政府和协会的相互协作，实现对冷链溯源物流行业行为的规范。

20 世纪 50 年代，日本也将冷链技术应用于生鲜农产品领域，形成了整个供应链的生鲜冷链体系。在生鲜农产品的采摘、清洗、包装阶段，运用预冷、保鲜技术从源头保证生鲜农产品的质量。在生鲜农产品的运输阶段，通过高标准的运输设备、储存设备保证生鲜农产品运输的畅通、安全。在生鲜农产品的销售阶段，通过小批、高频的销售配送模式，保证了生鲜农产品冷链物流的安全可靠，也催化了生鲜农产品冷链溯源体系的萌芽。

2. 实践阶段

冷链智慧溯源系统的实践阶段为冷链溯源技术与政策的广泛应用。

20 世纪七八十年代，日本为进一步提高冷链溯源体系的研究水平，成立了食品低温流通推进协议会，并且发布了《低温管理食品的品质管理方法及低温流通设施完善方向》，详细划分了食品低温运输的温度带，其中明确规定生鲜农产品的运输温度为-5～-4℃。同时期也发行了《低温链指南》，这标志着日本的生鲜冷链溯源技术已进入基本完善阶段。在政策方面，日本又颁布了专门的《物流法》《货物汽车运输事业法》《货物托运事业法》《物流效率化法》《综合物流施政大纲》和《新综合物流施政大纲》等一系列促进冷链智慧溯源系统发展的法律法规和政策。

20 世纪 90 年代，美国大力发展物流业，不仅利用军事基地建立大型的物流配送中心，还提出了物流发展的行动指南《美国运输部 1997—2002 年财政年度战略规划》。在基础设施建设方面，美国颁布了《陆路多式联运效率法》，通过合理规划公路和大宗货物运输系统，来为生鲜农产品冷链溯源系统的发展提供良好的环境。除此之外，美国大力支持推广新技术与物流产业融合，鼓励以 EDI、GIS、GPS 为代表的物流运作技术的推广和发展，这些技术极大地推动了生鲜农产品冷链智慧溯源系统的形成与发展。

3. 繁荣阶段

冷链智慧溯源系统的繁荣阶段表现为冷链溯源体系发展日益完善。

21 世纪初，欧盟颁布了《食品安全白皮书》，后来相继颁布了两条相关法规，规定了市场上销售的必须是可追溯性的农产品。相关措施的出台，促使生鲜农产品从田间到餐桌全过程的监管与溯源。2002 年，加拿大提出要实现牛肉制品的冷链溯源体系。美国也积极促进冷链智慧溯源系统建设，2005 年公布了《食品安全跟踪条例》，2009 年通过了《食品安全加强法案》，2011 年签署了《食品安全现代化法案》，一系列的措施有利于保证生鲜农产品安全。日本也紧跟发展步伐，在生鲜农产品行业内推行"食品身份证制度"，这促使日本的冷链溯源体系得到快速发展。

21 世纪初，伴随着生鲜农产品安全事件的发生，我国的生鲜冷链溯源得到发展。2002 年，农业部颁发文件要对猪、牛、羊等动物进行标识，以便对后期产生的生鲜肉制品进行追溯。2006 年，农业部又颁发文件对畜禽进行标识，并进行信息化管理的法令。此外，同时期的一些大城市，如上海、厦门、北京，开始建立初期的溯源系统。2010 年以后，许多学者和企业都涌入生鲜冷链溯源行业，但其发展仍需进一步完善，以满足消费者的期待与需求。

2.2 生鲜农产品冷链智慧溯源系统的特征

2.2.1 生鲜农产品冷链智慧溯源系统主体对象复杂

生鲜农产品冷链物流受不同主导方的影响，呈现出不同的结构，因而生鲜农产品冷链智慧溯源系统的结构也十分复杂。在主导方分别为批发市场、第三方物流企业、生鲜龙头企业以及超市等不同情况下，生鲜农产品冷链智慧溯源系统的结构呈现出了不同的形式。

1. 基于批发市场视角的生鲜农产品冷链智慧溯源系统

当下，占比最大的是基于批发市场视角的生鲜农产品冷链智慧溯源系统。该系统大都由产地批发市场和销地批发市场为主导构成，上游对接生鲜农产品的产出方，下游对接生鲜农产品的销售方。产出方要传输生产信息给冷链溯源平台，销售方要传输销售信息给冷链溯源平台，批发市场也会传输整个流程的物流信息给冷链溯源平台。当遇到不同的问题时，如生产问题、销售问题、物流问题等，平台可追溯到具体责任方，如图 2-2 所示。在此模式下，下游的销售方很难将信息按时、完整地传输到平台，致使系统运行复杂。

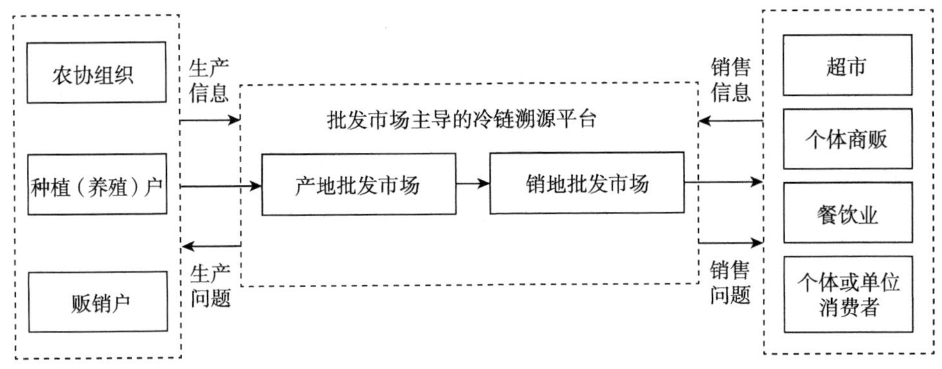

图 2-2　基于批发市场视角的生鲜农产品冷链智慧溯源系统

2. 基于第三方物流企业视角的生鲜农产品冷链智慧溯源系统

目前，发展最快的是基于第三方物流企业视角的生鲜农产品冷链智慧溯源系统。该系统由第三方物流企业负责产品的物流全程及信息追溯情况。第三方物流企业直接负责从生鲜种植（养殖）户产出的生鲜农产品到运输至销售方期间的所有信息。生鲜种植（养殖）户和销售方会根据自身情况上传信息，如图 2-3 所示。在此模式下，可以很好地追溯问题产品信息，但对生鲜种植（养殖）户和销售方的数据传入要求仍需加强。

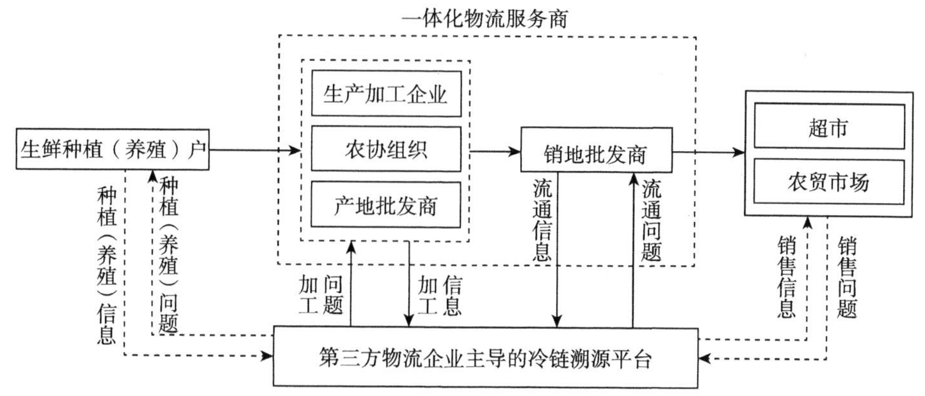

图 2-3　基于第三方物流企业视角的生鲜农产品冷链智慧溯源系统

3. 基于生鲜龙头企业视角的生鲜农产品冷链智慧溯源系统

近些年，基于生鲜龙头企业视角的生鲜农产品冷链智慧溯源系统数量并不多。生鲜龙头企业很好地整合了上游与生产部门有关的所有信息，下游消费者的反馈信息，及时地追溯问题产品信息，如图 2-4 所示。在此模式下，生鲜龙头企业可以有效整合信息，但市场上有实力且主导冷链溯源平台的企业数量太少。

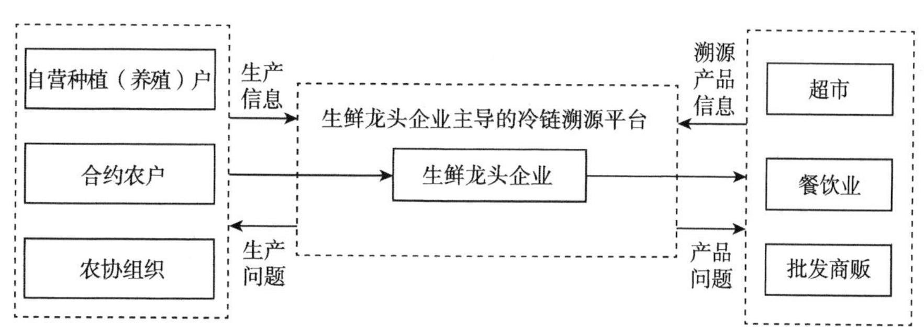

图 2-4　基于生鲜龙头企业视角的生鲜农产品冷链智慧溯源系统

4. 基于超市视角的生鲜农产品冷链智慧溯源系统

近几年，基于超市视角的生鲜农产品冷链智慧溯源系统也呈现出快速发展状态。大型连锁超市以其独特的采购优势，快速地建立起冷链溯源平台。冷链溯源平台接收上游的产品生产信息，由企业自身负责物流，若遇到消费者的产品问题反馈，就通过平台追溯产品信息，如图 2-5 所示。在此模式下，可以很好地进行溯源，但其受众群体较少。

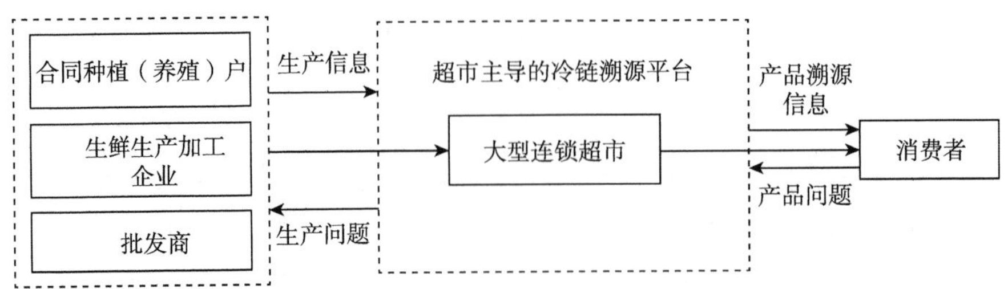

图 2-5　基于超市视角的生鲜农产品冷链智慧溯源系统

四种不同模式的系统，体现出生鲜农产品冷链智慧溯源系统具有结构复杂多样的特征。

2.2.2　生鲜农产品冷链智慧溯源系统响应快速

生鲜农产品冷链智慧溯源系统是对出现问题的产品进行追溯，找寻产品出现问题的关键节点。通过生鲜农产品带有的 RFID 标签，扫描识别产品的代码及详细信息，在已有的数据路径中寻找可能出现问题的节点，在此基础上进行详细调查，以找到产品的问题方。生鲜农产品冷链智慧溯源系统响应流程如图 2-6 所示，一个产品的响应时间仅需几分钟，就可以找到问题责任方。

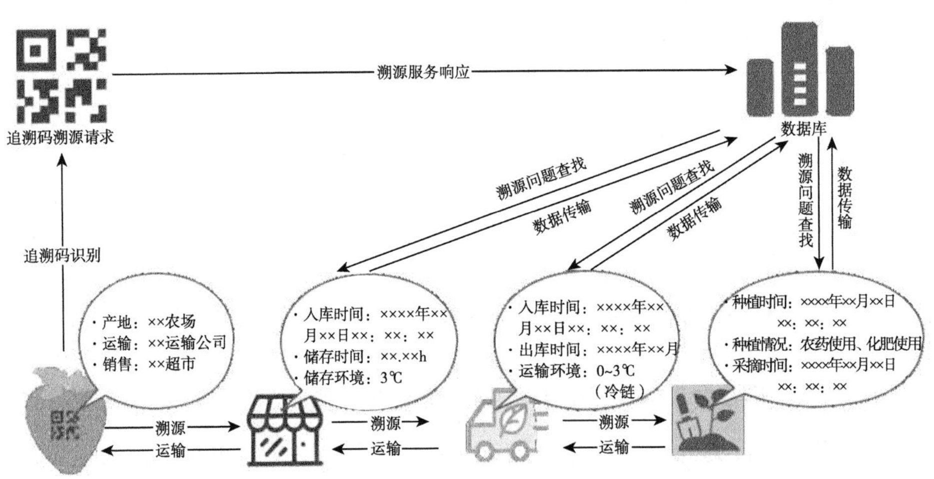

图 2-6　生鲜农产品冷链智慧溯源系统响应流程

在溯源流程中，可以追溯到每一个流程的详细信息。通过搭载的服务器响应，可以快速地追溯所有信息，满足消费者对于生鲜农产品溯源的需求。此外，生鲜农产品冷链智慧溯源系统可以做到全方位的快速响应，数据库可以对接生产、运输、销售的全方位数据，实现数据信息的即刻调取。

此外，各个端口的信息传入均可快速响应。开启一个端口系统，即可通过5G技术将全部数据信息传入云端数据库，实现数据的即刻存入。

2.2.3 生鲜农产品冷链智慧溯源系统管理精准

近些年，随着互联网技术的高速发展，消费者对系统平台面临诸多选择，同时，多式多样的系统使得消费者越来越挑剔，消费者会选择更精准安全的系统。这促使生鲜农产品冷链智慧溯源系统的设计越发精准。

由于生产和销售是通过系统的接口录入信息，系统仅对其数据进行筛选，选择录入系统，但并不对其管理。而对于物流运输环节，系统主要通过远程技术实现生鲜农产品的精准管理。

与生鲜农产品冷链智慧溯源系统对接的是智能物流运输设备。主要体现为通过为冷链运输车安装温湿度自动采集设备，以无线射频识别和温湿度定时采集等技术采集生鲜农产品在冷链运输途中的所有产品状态信息；通过预定的生鲜农产品标准状态信息判断生鲜农产品的现状，若其状态不符合预定的标准信息，则判断生鲜农产品可能发生质变，并立刻发出报警，由远程的管理人员与在途运输人员进行精准、精细管理。

2.3 生鲜农产品冷链智慧溯源的方法

2.3.1 基于案例推理的生鲜农产品冷链智慧溯源

案例推理法是一种类比推理方法，利用寻找相似案例的推理法，找到解决旧问题的方法来适用于解决新的问题。在智能领域的知识的问题求解方式和学习方法改进等方面应用广泛，也应用于部分产品的问题溯源（张春梅、贾云霞、李晓云，等，2018）。利用案例推理法，可以进行生鲜农产品冷链智慧溯源，以溯源追责不安全的生鲜农产品，如图 2-7 所示。

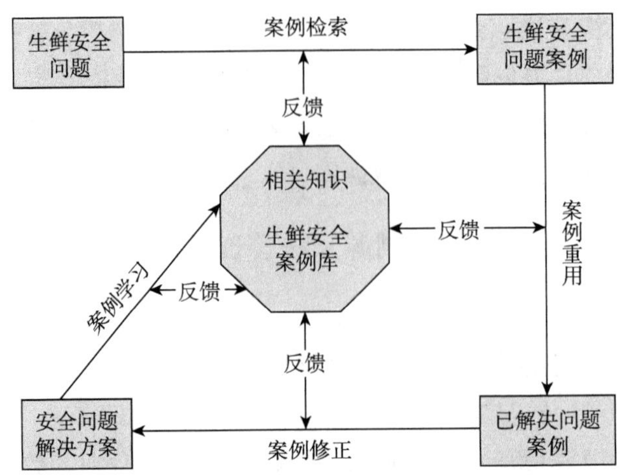

图 2-7 基于案例推理的生鲜农产品冷链智慧溯源

由图 2-7 可知，当遇到生鲜安全问题时，检索生鲜安全问题案例，找出类似的已解决问题的案例，以此为基础找出目前的生鲜安全问题的解决方案。其中，整个流程的所有信息，依赖于生鲜安全案例库，在每个案例进行检索、重用、修正、学习的过程中，都会与生鲜安全案例库进行反馈，从而不断优化问题的解决方案。

2.3.2 基于回溯推理的生鲜农产品冷链智慧溯源

回溯推理法又称为溯源推因法，有广义和狭义内涵。广义的内涵是根据事物发展过程所造成的结果，推断形成结果的一系列原因的整个逻辑思维过程；而狭义的内涵则是指从事物的结果推断其原因的一种思维方法。简而言之，回溯推理法就是从事物的“果”倒回到事物的“因”的一种方法。这种思维方法的应用极其广泛，尤其是在案件的侦查工作上。在实际思维中，要结合运用其他思维方法、观察方法、实验方法，经过正确地推导才能成功。利用回溯推理法可推断出生鲜农产品不安全的原因及涉事责任方，如公式 2-1 所示。

$$[(T_1, T_2) \in \boldsymbol{M}] \cup \left(Q \xrightarrow{yields} T_2\right) = \left(Q \xrightarrow{yields} T_1\right) \tag{2-1}$$

$$[(Q_1, Q_2) \in \boldsymbol{N}] \cup \left(P \xrightarrow{yields} Q_2\right) = \left(P \xrightarrow{yields} Q_1\right) \tag{2-2}$$

$$[(P_1, P_2) \in \boldsymbol{N}] \cup \left(A \xrightarrow{yields} P_2\right) = \left(A \xrightarrow{yields} P_1\right) \tag{2-3}$$

由公式 2-1 可得，已知生鲜农产品 T_1、T_2 均属于奶制品类，T_2 奶制品变质是因为运输温度不恰当，所以得出 T_1 奶制品变质也是由温度不当造成的。在实际问题中，会应用多层的回溯推理模型去追溯生鲜农产品安全问题成因，如公式 2-2 和公式 2-3 所示。这种方法可以方便地找到生鲜农产品的冷链问题，但由于精确度不高，应用较少。

2.3.3 基于系统查询的生鲜农产品冷链智慧溯源

目前，大数据分析与处理技术快速发展，许多企业尝试通过数据采集、数据分析等技术对产品进行溯源。通过将生鲜农产品从产出到销售的全程信息存储到数据库中，以生鲜农产品带有的编号对其进行系统查询，找出生鲜农产品质量不安全的问题方，如图 2-8 所示。

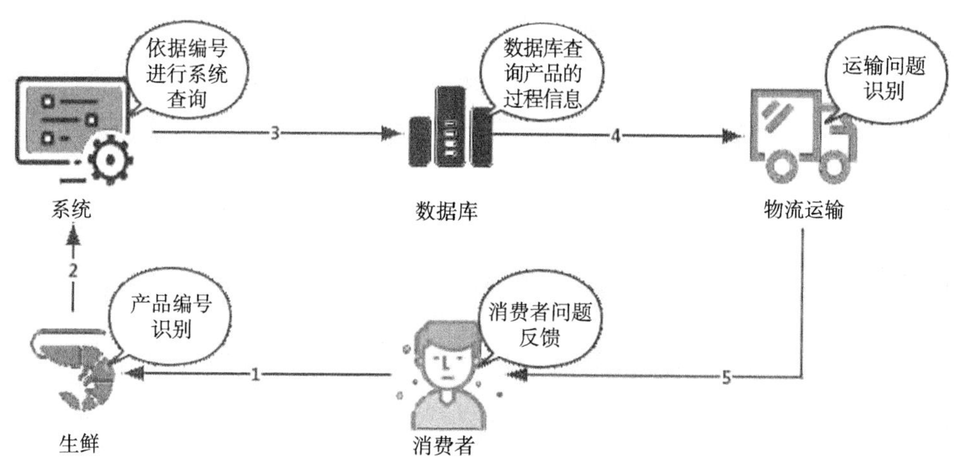

图 2-8 基于系统查询的生鲜农产品冷链智慧溯源

通过消费者反馈生鲜农产品的安全问题，得到出现问题的生鲜农产品编号，通过编号在物流系统中查询，调取数据库中的生鲜农产品从产出到消费者手中的所有过程信息，最后得到问题发生在冷链运输途中，再将查询到的数据反馈给消费者，从而实现基于系统查询的生鲜农产品冷链智慧溯源。这种方法应用较广，但由于其方便快捷，具有展示节点少、数据量少等弊端。

2.4 本章小结

本章详细介绍了生鲜农产品冷链智慧溯源系统的概念及其演化过程，描述了生鲜农产品冷链智慧溯源系统具有主体对象复杂、响应快速、管理精准的特征，查找得到生鲜农产品冷链智慧溯源系统采用的三种方法分别是案例推理法、回溯推理法和系统查询法。

3 生鲜农产品冷链智慧溯源系统需求分析

作为生鲜农产品安全供应链的重要环节，生鲜农产品供应商、分销商、零售商面临着如何提高企业的能力以满足消费者的安全诉求问题。与此同时，它们又是物流企业的客户。这迫使物流企业需要提高对仓储和运输中生鲜农产品的监测与溯源能力。为了解如何满足客户的需求，本方案从消费者和企业两个维度展开分析，利用大数据收集需求信息，并对需求信息进行文本挖掘，以期为新型智慧物流企业应对当下的生鲜农产品物流需求提供一定帮助，如图 3-1 所示。

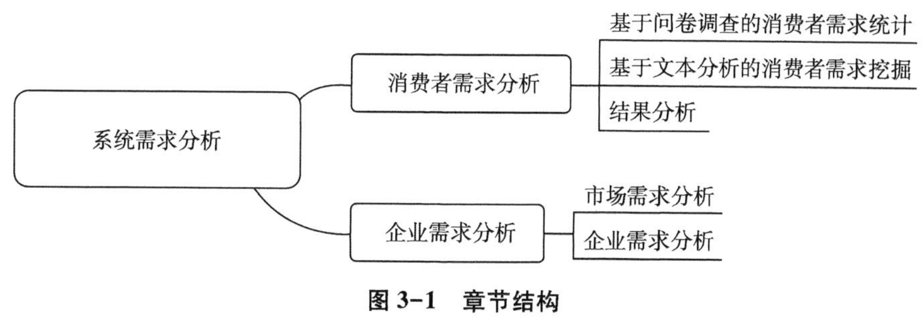

图 3-1 章节结构

3.1 消费者需求分析

本书采用问卷调查的方式探究消费者的需求。问卷调查采用线上线下相结合的方式，线上发放 800 份电子问卷，线下在 5 个农贸市场和 5 个大型连锁超市共发放 200 份纸质问卷。之后对问卷进行统计，以获取消费者对生鲜农产品安全的需求状况。

为验证问卷调查得到结果的可靠性，本书佐以数据挖掘的方式获取消费者的需求。互联网普及率的提高，使越来越多的国民倾向于在社交平台上发表自己的观点。百度贴吧、知乎、简书作为当下热门的三大社交平台，在国民的生活中扮演了重要的角色，人们更愿意将自己的经历及需求发布在社交平台上。因此，本方案利用 Python（计算机程序设计语言）爬虫等工具，获取百度贴吧、知乎、简书三大平台上消费者发布的有关生鲜农产品安全的内容，并运用 Python 进行中文文本分析，从而全面分析消费者对生鲜农产品安全的需求。

3.1.1 基于问卷调查的消费者需求统计

1. 数据来源

为全面探究消费者对于生鲜农产品安全的需求，本书采用线上与线下相结合的问卷调查方式。线下数据来自消费者问卷调查，调查对象为湖南省的普通消费者，调查地点包括毛家桥大市场、彭家园农贸市场、枫林农贸大市场、桂花农贸市场、下河街大市场、麦德龙（中杨华苑西南）、沃尔玛（长沙雨花亭店）、世纪华联购物广场、步步高·新天地（岳麓区店）、大润发（天心店），同时线上随机发放了 800 份电子问卷。

问卷主要由消费者基本信息、对生鲜农产品安全的认识、对可追溯生鲜农产品的认识和对可追溯生鲜农产品的支付意愿四部分构成。

本次调查于 2018 年 10 月在长沙市城区展开，采用面对面采访的基本方法，以一人一份问卷进行随机调查。共发放 1000 份问卷，线上 800 份，线下 200 份。对得到的问卷进行清洗筛选，去除无效问卷，最终得到 743 份有效电子问卷，166 份有效纸质问卷，有效回收率为 90.9%。对数据进行统计分析，得出被调查消费者相关统计特征，如表 3-1、表 3-2、表 3-3 和表 3-4 所示。

表 3-1　　被调查者性别情况

性别	线上问卷（人）	农贸市场问卷（人）	连锁超市问卷（人）	总计（人）
男	352	34	41	427
女	391	45	46	482
总计	743	79	87	909

表 3-2　　被调查者年龄阶段情况

年龄（岁）	线上问卷（人）	农贸市场问卷（人）	连锁超市问卷（人）	总计（人）
<20	39	2	4	45
≥50	8	12	3	23

续表

年龄（岁）	线上问卷（人）	农贸市场问卷（人）	连锁超市问卷（人）	总计（人）
20~35（不含）	523	31	42	596
35~50（不含）	173	34	38	245
总计	743	79	87	909

表 3-3　被调查者学历情况

学历	线上问卷（人）	农贸市场问卷（人）	连锁超市问卷（人）	总计（人）
初中及以下	69	26	20	115
高中或中专	93	29	22	144
大专或本科	385	17	28	430
研究生	196	7	17	220
总计	743	79	87	909

表 3-4　被调查者家庭年收入情况

年收入（万元）	线上问卷（人）	农贸市场问卷（人）	连锁超市问卷（人）	总计（人）
<3	47	16	5	68
≥20	18	4	27	49
15~20（不含）	91	6	25	122
3~8（不含）	295	26	9	330
8~15（不含）	292	27	21	340
总计	743	79	87	909

2. 统计结果

在消费者对生鲜农产品的安全认识方面，直接影响消费者对可追溯系统支付意愿的两大关键因素是生鲜农产品安全现状满意度和对可追溯系统的基本认知。67.9%的被调查者认为长沙市生鲜农产品安全现状仅为一般，有 25 名被调查者对长沙市生鲜农产品安全现状表示不满意（见表 3-5）。

表 3-5　　对长沙市生鲜农产品安全现状满意情况　　单位：人

满意情况	线上问卷	农贸市场问卷	连锁超市问卷	总计
比较满意	214	24	19	257
不满意	11	1	13	25
非常满意	5	2	3	10
一般	513	52	52	617
总计	743	79	87	909

对于日常所购买的生鲜农产品，有 24.3%的消费者对其持有放心（23.5%）和非常放心（0.8%）态度，67.8%的消费者对生鲜农产品没有过多的担心，7.9%的消费者则对日常购买的生鲜农产品有点担心。调查数据表明消费者一定程度上感知到当前的生鲜农产品具有安全风险（见表 3-6）。

表 3-6　　对日常购买生鲜农产品安全现状担心程度情况　　单位：人

担心程度	线上问卷	农贸市场问卷	连锁超市问卷	总计
放心	194	12	8	214
非常放心	5	1	1	7
一般	496	58	62	616
有点担心	48	8	16	72
总计	743	79	87	909

在消费者对生鲜农产品可追溯系统的认知方面，只有 34.2%的被调查者听说过生鲜农产品可追溯系统，其主要通过报纸、网络等渠道了解可追溯系统（见表 3-7）。

表 3-7　　是否听说过可追溯系统情况　　单位：人

了解可追溯系统	线上问卷	农贸市场问卷	连锁超市问卷	总计
是	256	22	33	311
否	487	57	54	598
总计	743	79	87	909

在消费者对可追溯农产品的追溯意愿方面，分为果蔬类生鲜农产品和肉类生鲜农产品两类，以 CVM 虚拟市场评估法设计问卷，在问卷中假设市场上 5 种蔬菜及猪肉的价格，在给定价格变化情况下询问消费者的支付意愿。

（1）果蔬类生鲜农产品。

现假定市场上有两种可选择购买的果蔬类生鲜农产品，普通果蔬为甲类（价格 0），可追溯的果蔬为乙类，在口感、外观方面，甲乙两类果蔬完全一致，两者不同之处在于乙类果蔬贴有追溯码。追溯码可以让消费者了解到果蔬的产地、流通、加工等各环节信息，并且会将这些信息妥善保存，若发现质量安全问题，可依据产品追溯码查找问题来源，减少可能带来的质量安全问题纠纷。本书以白菜、土豆、西红柿、黄瓜等蔬菜作为果蔬类生鲜农产品研究对象。白菜、土豆、西红柿、黄瓜、莴笋的价格分别是：0. 5、2. 4、2. 9、1. 9、1. 3（单位：元/500 克）。

通过汇总统计 909 份有效问卷，得出消费者对可追溯果蔬农产品平均支付价格，如表 3-8 所示。

表 3-8　消费者对可追溯果蔬农产品平均支付价格　单位：元/500 克

	价格 0	线上消费者	农贸市场消费者	连锁超市消费者	乙类果蔬平均支付价格
白菜	0. 5	1. 27	0. 95	1. 33	1. 18
土豆	2. 4	2. 95	2. 73	2. 86	2. 85
西红柿	2. 9	3. 48	3. 13	3. 52	3. 38
黄瓜	1. 9	2. 44	2. 23	2. 54	2. 40
莴笋	1. 3	1. 96	1. 85	1. 83	1. 88

在乙类果蔬的平均支付价格与价格 0 的比值方面，乙类白菜的平均支付价格是其价格 0 的 236%，消费者愿意支付平均额外 0. 68 元/500 克的乙类白菜；乙类土豆的平均支付价格是其价格 0 的 119%，其中平均额外支付价格为 0. 45 元/500 克；乙类西红柿的平均支付价格是其价格 0 的 117%，平均额外支付价格为 0. 48 元/500 克；乙类黄瓜的平均支付价格是其价格 0 的 126%，平均额外支付价格为 0. 50 元/500 克；乙类莴笋的平均支付价格是其价格 0 的 145%，平均额外支付价格为 0. 58 元/500 克。

综合分析 5 类果蔬的整体比值，白菜>莴笋>黄瓜>土豆>西红柿，其价格 0

分别为 0.5、1.3、1.9、2.4、2.9（单位：元/500 克）。即初始价格相对较低的蔬菜，消费者会更愿意购买价格略微上涨的同品种乙类果蔬。

（2）肉类生鲜农产品。

本书以日常生活中食用频率最高的猪肉，作为肉类生鲜农产品研究对象。现假设超市普通猪肉（甲类猪肉）价格为 9.5 元/500 克，具有可追溯特性的乙类猪肉价格高出甲类，问消费者是否愿意购买乙类猪肉，如愿意，消费者根据自身情况选择可接受价格（见表 3-9）。

表 3-9　乙类猪肉价格　　单位：元/500 克

价格 1	价格 2	价格 3	价格 4	价格 5
10.5	11.5	12.5	13.5	14.5

通过对全部有效问卷汇总，消费者对可追溯猪肉价格选择情况如表 3-10 所示。

表 3-10　消费者对可追溯猪肉价格选择情况　　单位：份

	线上消费者	农贸市场消费者	连锁超市消费者
价格 0	23	24	19
价格 1	31	18	14
价格 2	204	13	11
价格 3	219	9	17
价格 4	172	5	13
价格 5	21	3	11
价格 6	73	7	2
合计	743	79	87

注：价格 6 是基于第一问“是否愿意购买乙类猪肉”选择“不确定”选项的消费者设置的在价格 0 基础上略微上涨但小于价格 1 的备用价格。价格 6 为 10 元/500 克。

通过计算，消费者对可追溯猪肉的平均支付价格为 12.08 元/500 克，高出价格 0（9.5 元/500 克）2.58，即在基础价格上为可追溯猪肉每 500 克愿意额外支付 27.16%。

3. 用户画像

（1）线上消费者用户画像。

将线上收回的 743 份有效问卷数据，进行消费者基本特征分析、消费者的满意度分析、消费者的意愿分析，如图 3-2 和图 3-3 所示。

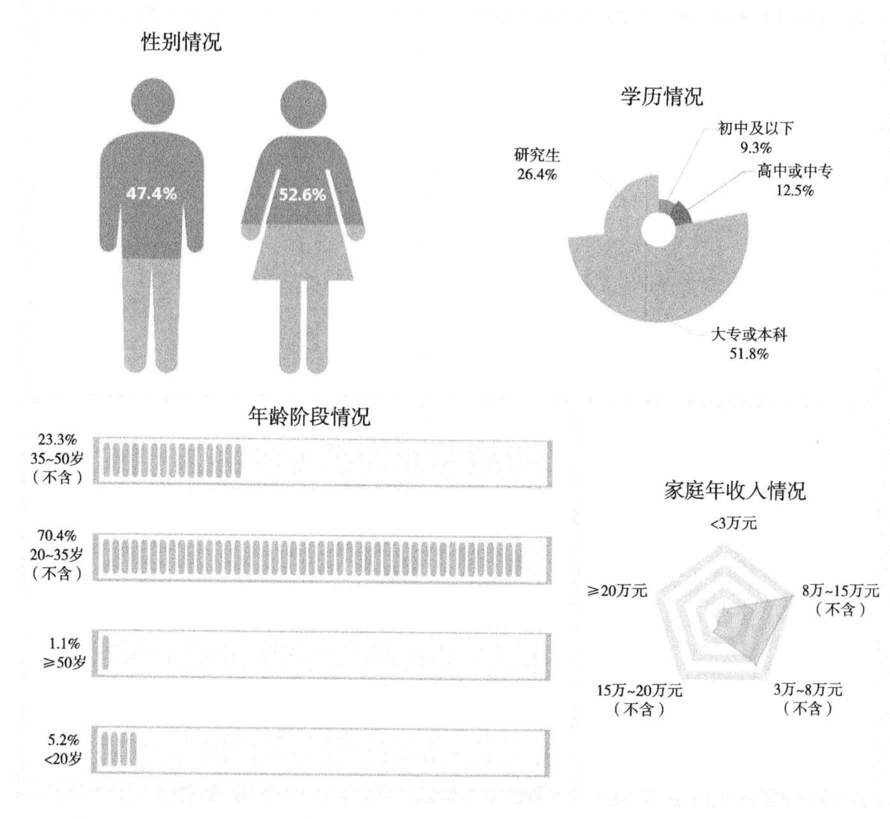

图 3-2 线上消费者基本特征

由图 3-2 可得，47.4%的被调查者为男性，52.6%的被调查者为女性。他们中 51.8%的为大专或本科学历，12.5%的为高中或中专学历，26.4%的为研究生学历，初中及以下学历仅占 9.3%。他们的年龄阶段主要集中在区间［20，35）岁和区间［35，50）岁，占比分别为 70.4%和 23.3%。在家庭年收入上，被调查者大多是中等收入水平，集中在区间［3，8）万元和区间［8，15）万元，占比分别为 39.7%和 39.3%，也有 47 位被调查者的家庭年收入低于 3 万元，18 位被调查者的家庭年收入高于 20 万元。

在问卷调查中采集的数据可得，69%的被调查者对长沙市的生鲜农产品安全现状满意情况持一般态度，28.8%的被调查者持比较满意态度，仅有 0.7%的被调查者持非常满意态度，有 1.5%的被调查者持不满意态度。在对生鲜农产品安全现状的担心程度情况中持一般态度的被调查者占 66.7%，持放心态度的占 26.1%，持非常放心的占 0.7%，持有点担心的占 6.5%，如图 3-3 所示。

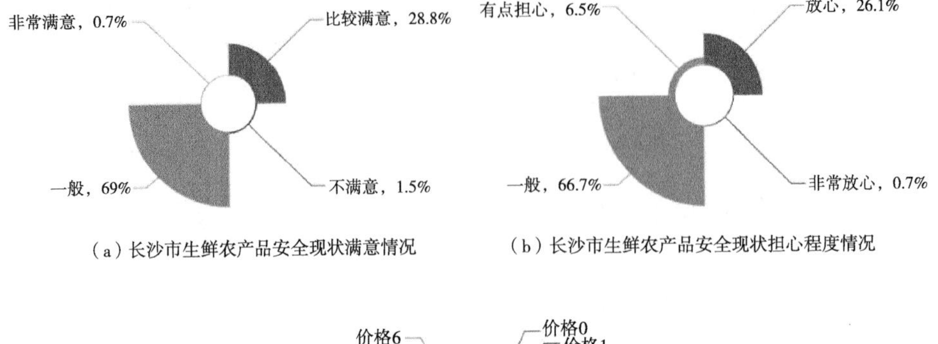

（a）长沙市生鲜农产品安全现状满意情况　（b）长沙市生鲜农产品安全现状担心程度情况

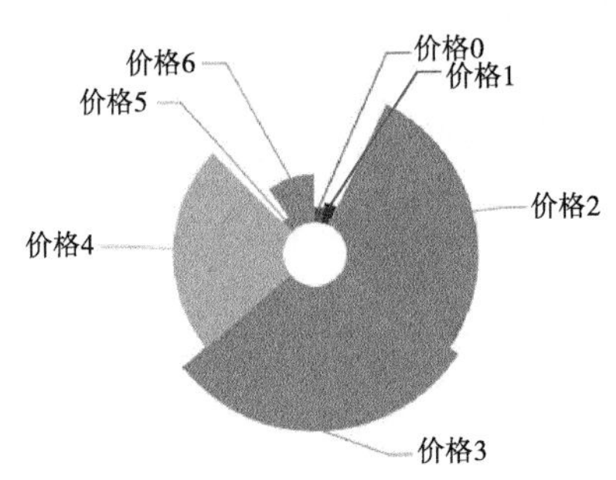

（c）消费者对可追溯猪肉价格选择情况

图 3-3　线上消费者的满意度及意愿

在问卷调查中选取生鲜农产品的两种典型代表蔬菜和肉类，模拟其价格变化，对消费者的支付意愿进行统计分析。

线上消费者主要是中等收入阶层的中青年人，他们大多是高等学历，其中女性的比例略高于男性，对生鲜农产品安全现状既没有过多担心，也没有心存警惕。但也有少部分消费者风险感知意识强，愿意购买可追溯的生鲜农产品。且当可追溯农产品价格适中，涨幅不太大的时候，大多数消费者表现出较高的购买意愿。他们认为可追溯的生鲜农产品的基本信息透明，对食品安全形成保障，期待出现一个完善、可靠的溯源系统。

（2）农贸市场消费者用户画像。

将在农贸市场中收回的 79 份有效问卷数据，进行消费者基本特征分析、消费者的满意度分析、消费者的意愿分析，如图 3-4 和图 3-5 所示。

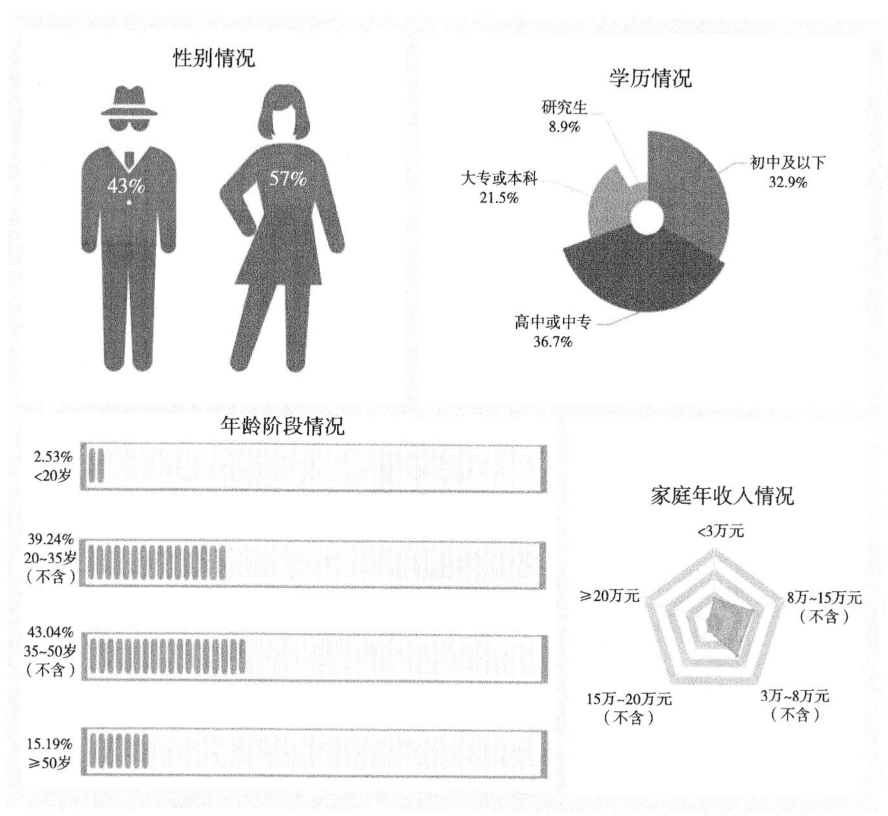

图 3-4　农贸市场消费者基本特征

由图 3-4 可得，43%的被调查者为男性，57%的被调查者为女性。他们中 21.5%的为大专或本科学历，36.7%的为高中或中专学历，8.9%的为研究生学历，初中及以下学历占 32.9%。他们的年龄阶段主要集中在区间［35，50）岁和区间［20，35）岁，占比分别为 43.04%和 39.24%。在家庭年收入上，被调查者大多是中等收入水平，集中在区间［3，8）万元和区间［8，15）万元中，占比达到 32.9%和 34.2%，有 16 位被调查者的家庭年收入低于 3 万元，4 位被调查者的家庭年收入大于等于 20 万元。

在问卷调查中采集的数据可得，65.8%的被调查者对长沙市的生鲜农产品安全现状满意情况持一般态度，30.4%的被调查者持比较满意态度，仅有 2.5%的被调查者持非常满意态度，有 1.3%的被调查者持不满意态度。在对生鲜农产品安全现状的担心程度情况中持一般态度的被调查者占 73.4%，持放心态度的占

15.2%，持非常放心的占1.3%，持有点担心的占10.1%。

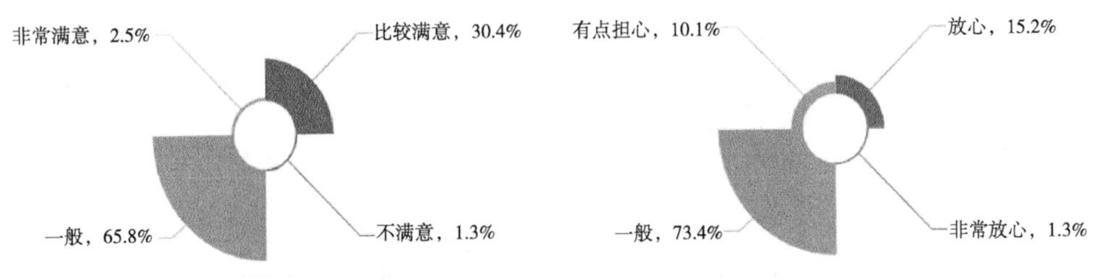

（a）长沙市生鲜农产品安全现状满意情况　（b）长沙市生鲜农产品安全现状担心程度情况

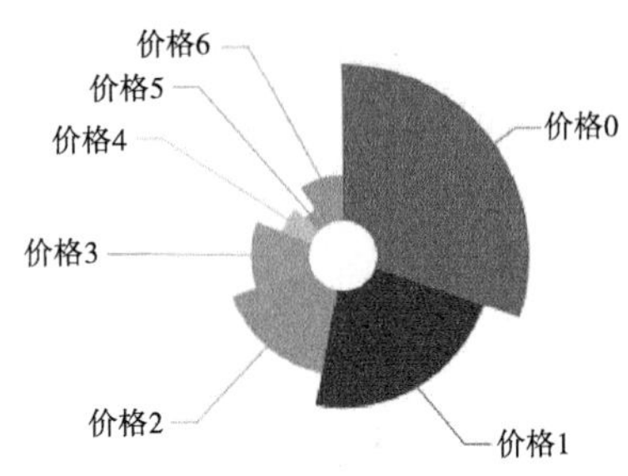

（c）消费者对可追溯猪肉价格选择情况

图3-5　农贸市场消费者的满意度及意愿

在问卷调查中选取生鲜农产品的两种典型代表蔬菜和肉类，模拟其价格变化，对消费者的支付意愿进行统计分析。

农贸市场消费者主要是中等收入阶层的中青年人，他们大多是中低等学历，其中女性的比例略高于男性，大多对生鲜农产品安全现状没有担心意识。但也有少部分消费者风险感知意识强，愿意购买可追溯的生鲜农产品。但能接受的可追溯农产品价格水平较低，涨幅大的时候，大多数消费者没有购买意愿。他们对可追溯的生鲜农产品的期待程度较低，但也有部分消费者有所期待。

（3）连锁超市消费者用户画像。

将在连锁超市中收回的87份有效问卷数据，进行消费者基本特征分析、消费者的满意度分析、消费者的意愿分析。

由图3-6可得，47.1%的被调查者为男性，52.9%的被调查者为女性。他们中32.2%的为大专或本科学历，25.3%的为高中或中专学历，19.5%的为研究生学历，初中及以下学历占23%。他们的年龄阶段主要集中在区间［35，50）岁和区间［20，35）岁，占比分别为43.7%和48.3%。在家庭年收入上，被调查者大多是中等偏上收入水平，集中在区间［15，20）万元和区间［20，+∞）万元，占比分别为28.7%和31%，有5位被调查者的家庭年收入低于3万元。

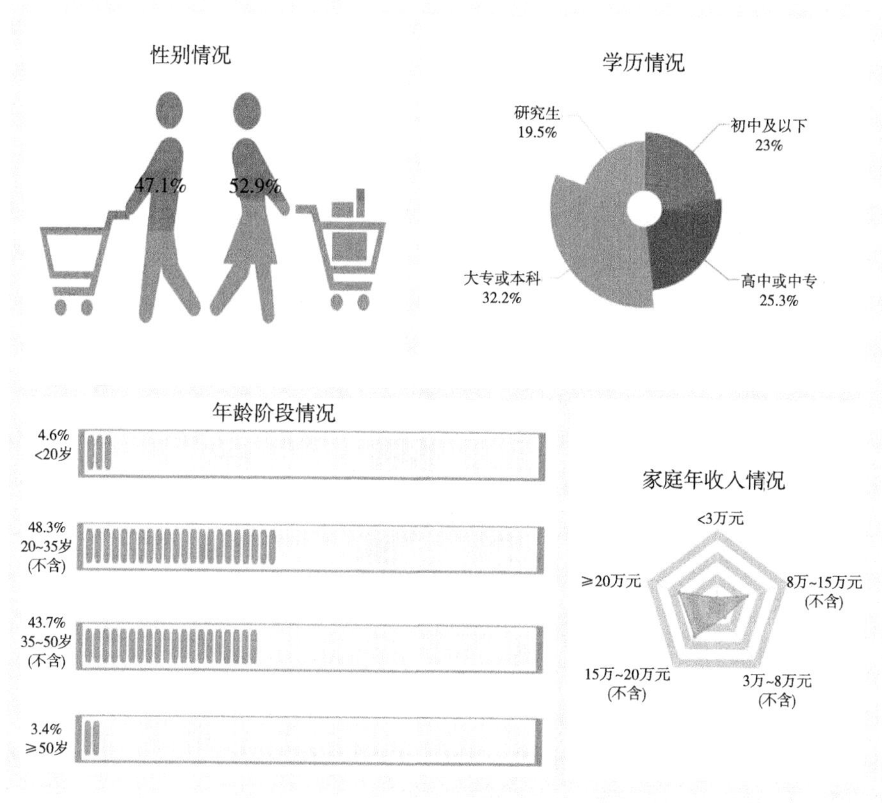

图3-6 连锁超市消费者基本特征

在问卷调查中采集的数据可得，59.8%的被调查者对长沙市的生鲜农产品安全现状满意情况持一般态度，21.8%的被调查者持比较满意态度，仅有3.5%的被调查者持非常满意态度，有14.9%的被调查者持不满意态度。在对生鲜农产品安全现状的担心程度情况中持一般态度的被调查者占71.3%，持放心态度的占9.2%，持非常放心态度的占1.1%，持有点担心态度的占18.4%，如图3-7所示。

在问卷调查中选取生鲜农产品的两种典型代表蔬菜和肉类，模拟其价格变化，对消费者的支付意愿进行统计分析。

连锁超市消费者主要是中高等收入阶层的中青年人，他们大多是中高等学历，其中女性的比例略高于男性，对生鲜农产品安全的现状担心并且心存警惕。大部分消费者风险感知意识强，愿意购买可追溯的生鲜农产品。且当可追溯农产品价格适中，涨幅不太大的时候，大多数消费者表现出较高的购买意愿。他们希望通过可追溯生鲜农产品提高生活质量，期待出现一个完善、可靠的溯源系统。

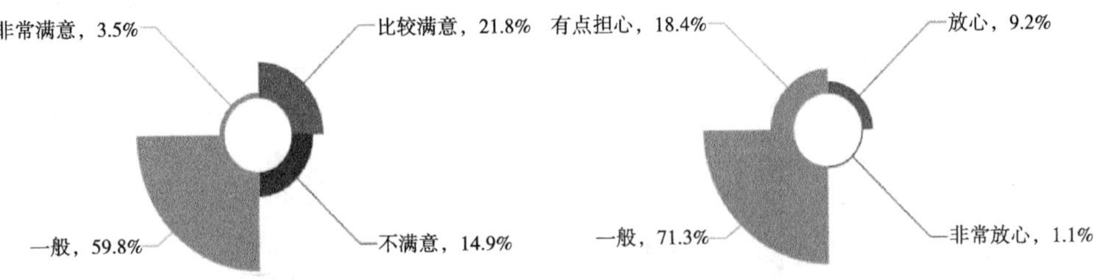

（a）长沙市生鲜农产品安全现状满意情况

（b）长沙市生鲜农产品安全现状担心程度情况

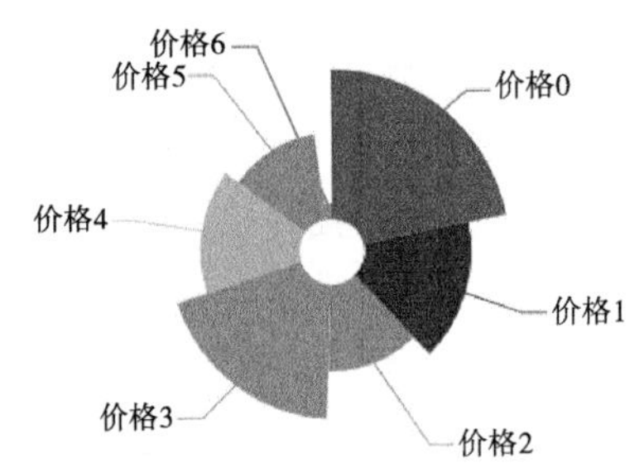

（c）消费者对可追溯猪肉价格选择情况

图 3-7　连锁超市消费者的满意度及意愿

3.1.2　基于文本分析的消费者需求挖掘

1. 数据来源

为验证消费者对生鲜农产品的安全需求，通过 Python 爬虫爬取了百度贴吧 36925 条帖子，知乎 24358 条帖子，简书 13987 条帖子。清洗爬取的数据，去除广告和无关内容后得到百度贴吧 32721 条帖子，知乎 22794 条帖子，简书 13269 条帖子。

首先利用 SnowNLP 对爬取的数据进行情感分析，得到消费者对生鲜农产品安全现状所持的情感态度。其次利用 Jieba 对发帖内容进行词频统计，得到大多数消费者对生鲜农产品安全的关注点。最后利用 NLPIR 对发帖内容进行语义分析，了解消费者对生鲜农产品安全的关注内容。

本方案以百度贴吧、知乎、简书作为数据采集对象，以百度贴吧搜索、知乎搜索、简书搜索作为搜索工具，以“食品安全”作为搜索关键词（由于大多数消费者没有明确归类自己发帖的是属于生鲜农产品类，所以本方案以“生鲜农产品安全”为关键词，将爬取的数据进行手动归类），利用 Python 爬虫采集所有相关数据，并保存至 Excel 表格中，本方案共采集了 6 个字段，数据采集字段如表 3-11 所示。

表 3-11　数据采集字段

采集字段分类	采集字段	用途	值类型
帖子发布用户信息	用户名	用户特征分析	String
	用户主页	用户特征分析	String
帖子发布内容信息	发布方式	其他	String
	发布标题	语义分析	String
	发布内容	情感分析	String
	发布时间	其他	DataTime

表 3-11 中第二列包含 6 个字段，涉及用户名、用户主页、发布方式、发布标题、发布内容、发布时间，主要用来进行用户特征分析、情感分析和语义分析。

2. 挖掘结果

（1）情感分析。

现行的情感分析方法主要有基于词典和基于机器学习两类。基于词典的方法是通过制定一系列的情感词典和规则，对文本进行段落拆解、句法分析，计算情感值，最后用情感值的大小作为文本的情感倾向依据。基于机器学习的方法大多将这个问题转化为一个分类问题来看待，对于情感极性的判断，将目标情感分为两类：正、负。对训练文本进行人工标注，然后进行有监督的机器学习过程。

本节主要采取基于词典的方法对消费者的发帖内容进行情感分析。采用的 BosonNLP 的情感词典，对得到的 68784 条数据进行情感打分，如图 3-8 所示。图中横坐标代表情感值，越靠近 0 负性情绪越高，越靠近 1 正性情绪越高，越靠近 0. 5 中性情绪越高。纵坐标代表数量，柱形越高代表数量越多。

百度贴吧有 86. 7%的消费者负性情绪很高，不满食品安全现状，处于极端负性情绪状态；有 5. 8%的消费者不带有任何情感色彩发帖，只是表达自己所经历的事情；有 7. 5%的消费者发表了积极情感的帖子。知乎有 86. 9%的消费者负性情绪很高；有 3. 2%的消费者不带有任何情感色彩发帖；有 9. 9%的消费者发表了积极情感的帖子。简书有 92. 3%的消费者负性情绪很高；有 1. 4%的消费者不带有任何情感色彩发帖；有 6. 3%的消费者发表了积极情感的帖子。综上，大多数的消费者对食品安全现状不满意，为解决这一问题，需要进一步挖掘消费者的需求。

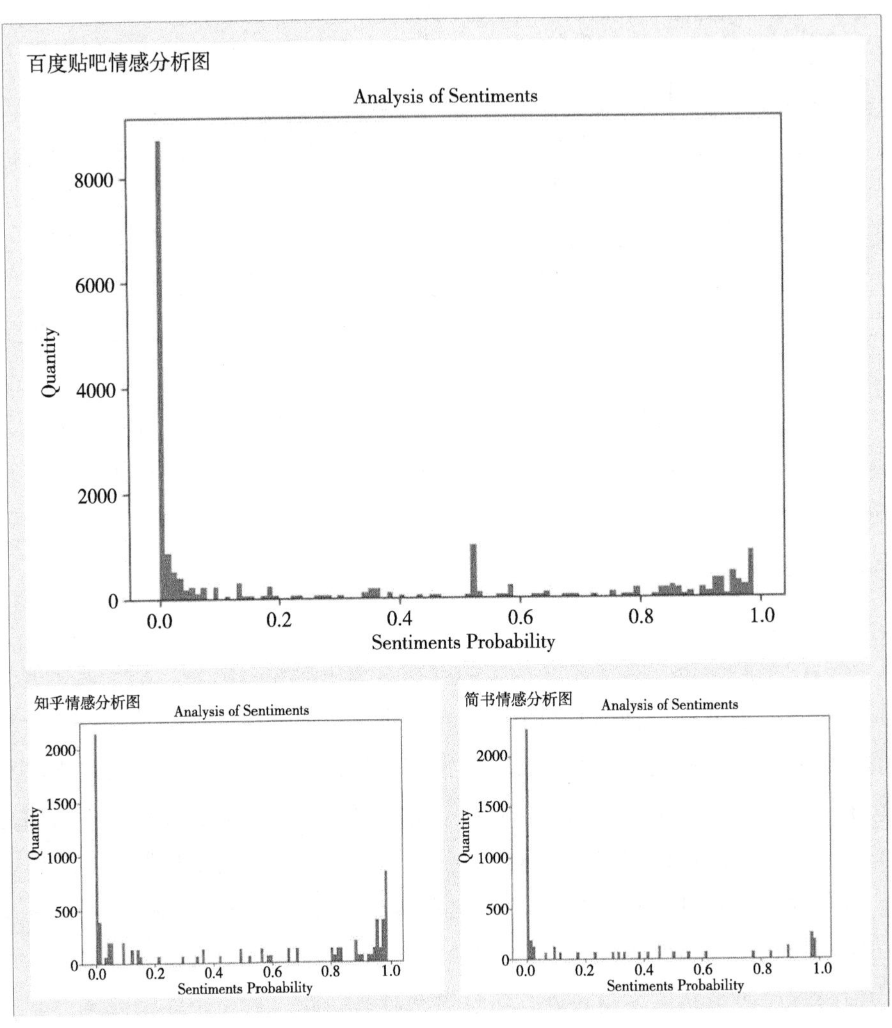

图 3-8　数据情感分析情况

(2) 词频统计。

中文分词是文本分类、信息检索、信息过滤、文献自动标引、摘要自动生成等中文信息处理中的关键技术及难点，也是情感词提取的基础性工作之一。本节采用 Python 的 Jieba 库作为分词工具。

本节选取百度贴吧、知乎、简书作为分析对象，采集与生鲜农产品有关的所有发帖数据，利用 Jieba 库对 68784 条文本进行分词处理，对单个字或没有表达具体含义的字词，进行人工浏览及上下文对比，不断合并为新词，尽量保持分词的准确性。对分词后的文本进行词语统计，最终得到 17836 个词语。

文本中包含的词语较多，难以将所有词语进行可视化展示，因此选取具有代表性意义的词语进行展示。本节对分词后的词语进行词频统计后，利用 Tagxedo 可视化工具进行处理，对高频词（频次 500 以上）可视化分析。词语的大小反映了词语出现的频次，越大表示该词语出现的频率越高，同时，频次越高的词语越趋向于分布在图形的中部。百度贴吧的文本中“消费者”“质量”“蔬菜”“追溯”“农产品”“微生物”“管理”“过程”等为高频词；知乎的文本中“农产品”“生鲜”“超市”“消费者”“管理”“监管”“调查”“质量”等为高频词；简书的文本中“消费者”“农产品”“生鲜”“市场”“质量”“管理”“社区”“系统”等为高频词。

(3) 语义分析。

从上部分的词频统计，我们可以看出消费者的大致需求。为更深入地了解消费者需求，本文利用 NLPIR 系统作为语义分析工具，对来自百度贴吧、知乎、简书三大平台的每一条数据进行语义分析，了解消费者的具体需求内容，并对强度大于 300 的需求相关词语进行展示。

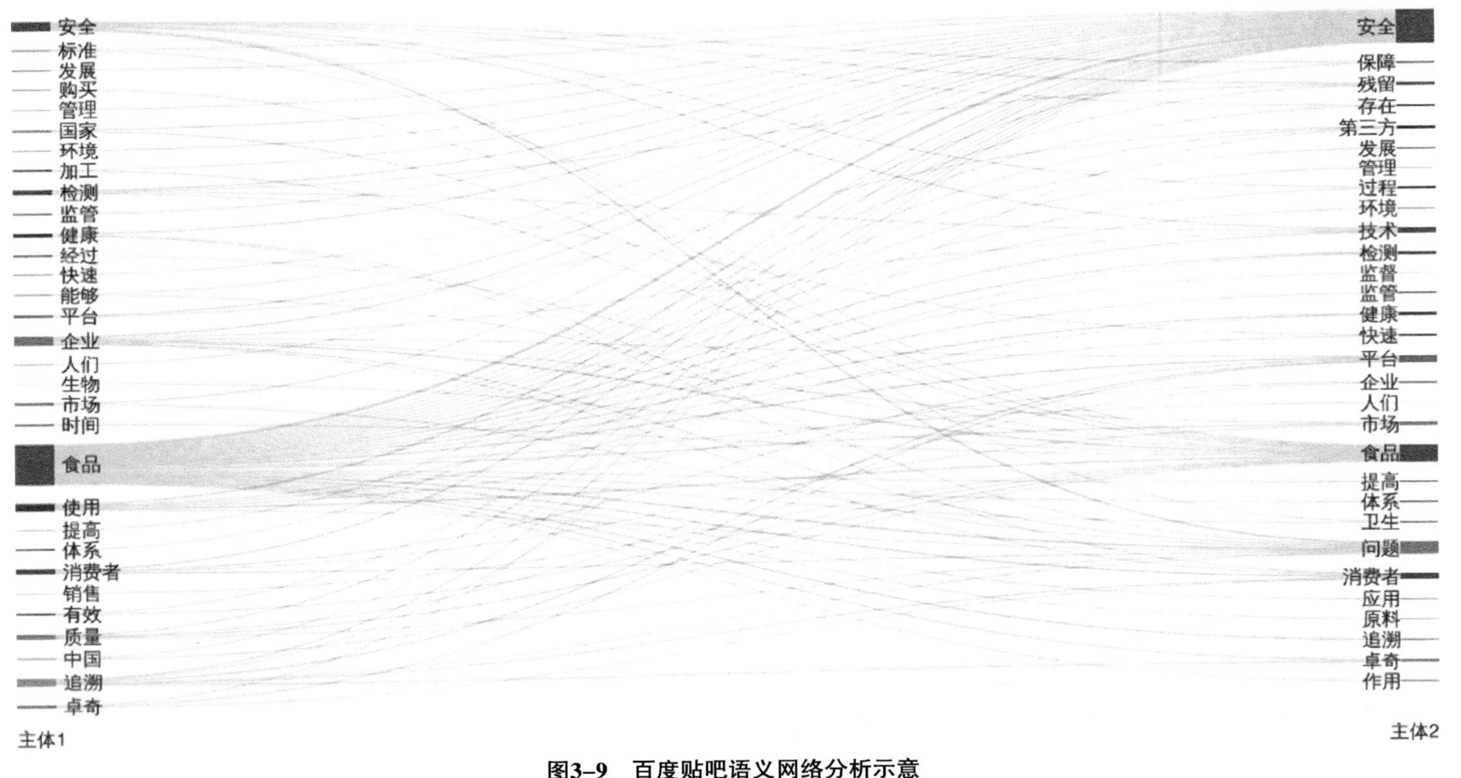

图3–9　百度贴吧语义网络分析示意

如图 3-9 所示，百度贴吧大多数发帖内容主要涉及“食品”“安全”“企业”“追溯”“使用”“消费者”6 大方面关系。其中，“食品”涉及“食品安全”“食品问题”“食品平台”“食品消费者”“食品追溯”“食品健康”“食品市场”“食品监管”“食品环境”“食品管理”等 28 个方向；“安全”涉及“安全问题”“安全技术”“安全过程”“安全残留”“安全保障”等 7 个方向；“企业”涉及“企业食品”“企业安全”“企业问题”“企业消费者”“企业市场”等 7 个方向；“追溯”涉及“追溯平台”“追溯安全”“追溯消费者”等 6 个方向；“使用”涉及“使用食品”“使用安全”“使用问题”等 6 个方向；“消费者”涉及“消费者安全”“消费者平台”等 4 个方向。此外，还有其他小方向关系。

在整个百度贴吧文本数据中 31. 18%的消费者关注“食品”方向，其中“食品安全”占比 3% 、“食品问题”占比 1. 78%、“食品平台”占比 1. 53%、“食品消费者”占比 1. 5%、“食品追溯”占比 1. 41%；有 7. 31%的消费者关注“安全”方向，其中“安全问题”占比 1. 7%、“安全技术”占比 1. 19%；有 7. 02%的消费者关注“企业”方向，其中“企业食品”占比 1. 52%、“企业安全”占比 1. 36%、“企业问题”占比 1%；有 6. 03%的消费者关注“追溯”方向，其中“追溯平台”占比 1. 23%。

如图 3-10 所示，知乎大多数发帖内容主要涉及“部门”“食品”“食用”“安全”“健康”“人员”6 大方面关系。其中，“部门”涉及“部门监管”“部门人员”“部门健康”“部门卫生”“部门环境”等方向；“食品”涉及“食品安全”“食品问题”“食品管理”“食品健康”等方向；“食用”涉及“食用危害”“食用健康”“食用卫生”“食用监管”等方向；“安全”涉及“安全问题”“安全卫生”“安全法律”等方向；“健康”涉及“健康安全”“健康环境”“健康监管”等方向；“人员”涉及“人员安全”“人员健康”等方向。此外，还有其他小方向关系。

在整个知乎文本数据中 8. 42%的消费者关注“部门”方向，其中“部门监管”占比 0. 97% 、“部门人员”占比 0. 95%、“部门健康”占比 0. 93%、“部门卫生”占比 0. 89%；有 7. 69%的消费者关注“食品”方向，其中“食品安全”占比 2. 24%、“食品问题”占比 1. 64%；有 7. 67%的消费者关注“食用”方向，其中“食用危害”占比 0. 98%、“食用食物”占比 0. 97%、“食用健康”占比 0. 97%；有 7. 45%的消费者关注“安全”方向，其中“安全问题”占比 1. 51%。

图3-10 知乎语义网络分析示意

如图 3-11 所示，简书大多数发帖内容主要涉及“食品”“安全”“企业”“国家”“中国”“健康”六大方面关系。其中，“食品”涉及“食品安全”“食品问题”“食品健康”“食品监管”等 36 个方向；“安全”涉及“安全问题”“安全保障”“安全药品”“安全开展”等 11 个方向；“企业”涉及“企业食品”“企业安全”等 3 个方向；“国家”涉及“国家食品”“国家安全”等 3 个方向；“中国”涉及“中国安全”“中国食品”等 3 个方向；“健康”涉及“健康安全”“健康问题”2 个方向。此外，还有其他小方向关系。

在整个简书文本数据中 39.66%的消费者关注“食品”方向，其中“食品安全”占比 6.14% 、“食品问题”占比 2.61%、“食品健康”占比 1.89%、“食品监管”占比 1.66%；有 11.2%的消费者关注“安全”方向，其中“安全问题”占比 2.58%、“安全保障”占比 1.35%；有 3.8%的消费者关注“企业”方向，其中“企业食品”占比 1.57%、“企业安全”占比 1.55%；有 3.50%的消费者关注“国家”方向，其中“国家食品”占比 1.42%。

结合情感分析、词频统计和语义分析，可以得出简书上的消费者对食品安全的态度是消极的，存在一定的负性情绪，认为需要企业和国家两者共同监管食品安全问题。

3. 用户画像

本书对百度贴吧、知乎、简书上采集到的 68784 条数据进行用户 ID 可视化分析、发帖内容情感值分析、消费者需求可视化分析、消费者发帖时间分析。

（1）用户 ID 可视化分析。

普通的消费者用户发帖的次数比较少，而官方平台发帖的次数比较多，例如“农产品流通资讯”“检测联”“食恪网”“地理标志”等。

（2）发帖内容情感值分析。

对所有发帖内容进行打分，分值区间为［0，1］，其中情感值在区间［0，0.4］为负性情感、在区间（0.4，0.6］为中性情感、在区间（0.6，1］为正性情感，得到 26.41% 的消费者是正性情感，18.73% 的消费者是中性情感，54.86%的消费者是负性情感，如图 3-12 所示。

图3-11 简书语义网络分析示意

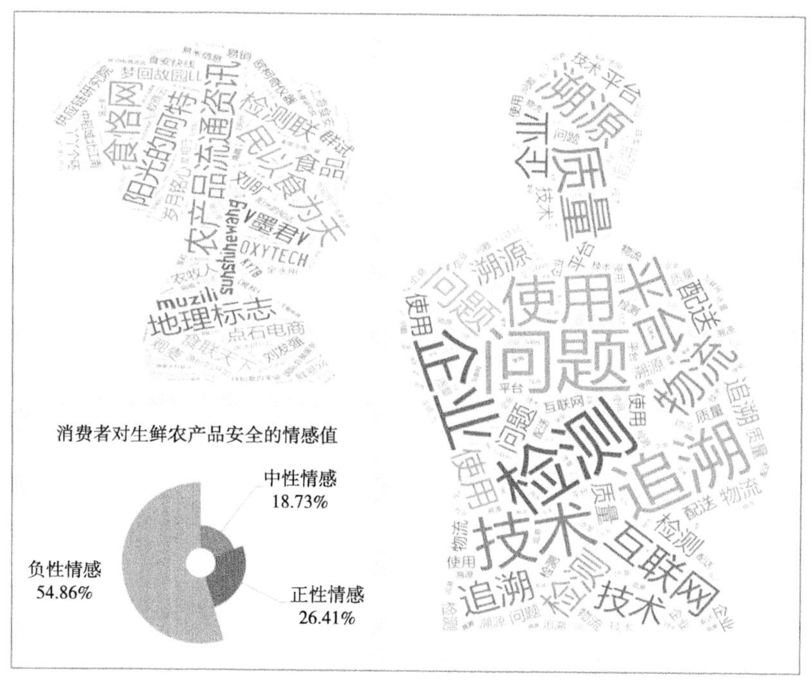

图 3-12　线上消费者对生鲜农产品安全需求的用户画像

（3）消费者需求可视化分析。

对消费者所有发帖内容进行需求词频分析，并对词频超过 1000 频次的词语进行可视化展示，得到消费者的主要需求是“问题”“检测”“追溯”“使用”“企业”“技术”等。

（4）消费者发帖时间分析。

对采集到的所有数据进行时序分析，以每小时为单位，得到在区间［7 时，8 时］、区间［11 时，12 时］和区间［17 时，19 时］三个时间段是消费者发帖的高峰时期，均超过 4000 条帖子，18 时更是达到了一天之中的最高峰，为 7977 条。在区间［0 时，5 时］时间段是消费者发帖的低峰时期，如图 3-13 所示。

线上消费者对生鲜农产品安全需求有较为明显的情感特征，普通消费者对自己接触到的不安全生鲜农产品是愤怒的，负性情感占较大比重；而官方平台是以客观的角度发布对生鲜农产品安全现状的看法，持有中性情感；也有小部分消费者表达自己接触到安全的生鲜农产品，持有正性情感。线上消费者发帖集中在三个用餐时间段。

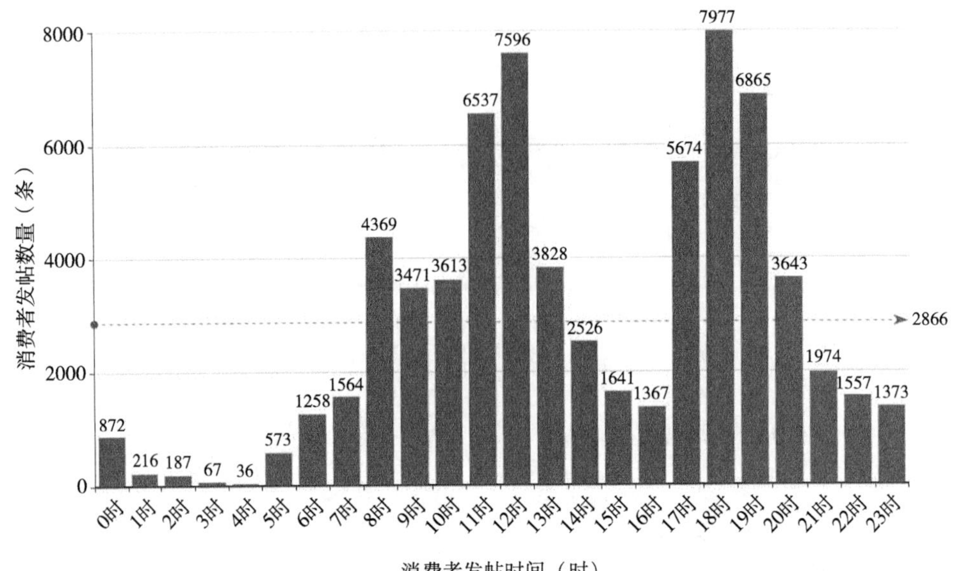

图 3-13　线上消费者对生鲜农产品安全需求的时间序列

3.1.3　结果分析

通过分析问卷调查数据及挖掘消费者发帖内容数据，发现大多数消费者的生鲜农产品安全需求主要表现在以下三个方面。

第一，大部分消费者对市面上现有的生鲜农产品质量持担心态度，希望采取一定措施提高生鲜农产品质量。在问卷调查中，有 75.7%的消费者在一定程度上感知到生鲜农产品的安全风险，希望可以降低生鲜农产品的安全风险；在消费者需求挖掘中，有 88.6%的消费者是对生鲜农产品质量持负性情感，急切希望生鲜农产品质量可以得到保证。

第二，消费者在生鲜农产品价格涨幅不大时愿意接受可追溯生鲜农产品，并希望食用安全的生鲜农产品。在问卷调查中，近七成的消费者在价格涨幅不大时会选择可追溯的生鲜农产品；在消费者需求挖掘中，消费者需求词频需求 TOP10 均出现“追溯”“溯源”，消费者希望可以通过可追溯的方式保证生鲜农产品的质量安全。

第三，当遇到不安全的生鲜农产品时，大部分消费者会选择向相关政府部门举报销售该生鲜农产品的企业，并不会再光顾该企业。在问卷调查中，近九成的消费者不会光顾不安全的生鲜农产品企业，有少部分会投诉该企业；在消费者需求挖掘中，消费者对政府部门监管需求均排在文本 TOP10 以内，希望通过投诉举报销售不安全的生鲜农产品企业来保障自身权益。

综上所述，消费者迫切地希望有溯源平台可以保障生鲜农产品在生产、运输、销售全程中的质量安全。

3.2 企业需求分析

弘广智慧物流园的主营业务为以下三种。第一，为第三方物流企业提供定制化的项目运输服务；第二，输出运营管理，仓库统一管理，货物统一配送；第三，全国落货、园区集货、中转分流。弘广智慧物流园的主要客户为以下三类。第一，安能物流、天天快递等快运企业；第二，药品、食品、电商等快消品企业；第三，家边购等商超企业。

3.2.1 市场需求分析

1. 数据来源

在人们的日常生活中，农产品是一种必不可少的餐桌食物，而农产品中的生鲜农产品需求更是占比很大，这为生鲜电商、商超等企业带来了巨大的消费市场。与此同时，生鲜电商企业、生鲜超市等商超企业的市场规模也逐年增加，企业间的竞争加剧，通过提高自身的竞争力来抢占市场份额是一个亟须发力的方向。本章结合人们对农产品、生鲜农产品的需求分析得出生鲜企业未来有巨大的消费市场的结论。之后通过分析生鲜市场的规模趋势得出生鲜市场规模逐年增加，生鲜企业的未来发展市场空间巨大的结论。

（1）农产品需求数据。

我国是一个人口大国，也是一个农产品需求大国，农产品在日常餐桌饮食中必不可少。农产品需求量的稳步增长，为生鲜企业带来了稳定的消费群。由图 3-14可以看出，我国的农产品需求量总体呈上升趋势。农产品需求量从 2009 年的 10.9 亿吨上升到 2017 年的 12.93 亿吨，增加了 2.03 亿吨，平均需求量达到了 11.79 亿吨。

人们对农产品日益增长的需求，也加快了农产品市场的发展。由图 3-15 可以看到，我国农产品市场交易额从 2011 年的 2.9 万亿元上升到 2017 年的 11.2 万亿元。平均每年市场交易额达到了 5.79 万亿元。

随着生活质量的提高，人们不局限于单一化的饮食，更在意饮食的营养搭配，对新鲜农产品的需求也日益增加。由图 3-16 可以看出，人们对水产品、果蔬、肉类等生鲜农产品的需求偏多。

（2）生鲜农产品需求数据。

随着社会经济的发展，生鲜农产品也成为人们日常生活中必不可少的消费品，其需求量也日益增加。由图 3-17 可以看出，人们对于生鲜农产品需求量从 2006 年的 3.24 亿吨增加到 2017 年的 4.93 亿吨，平均每年达到了 4.28 亿吨。同时，生鲜农产品供应链能否良好运作，不仅关乎生鲜农产品供应商及相关者的利益，也是人民群众最担心的问题。生鲜农产品市场需求大、不易保鲜、易腐蚀等特性决定了物流企业运用冷链物流运输的必要性。

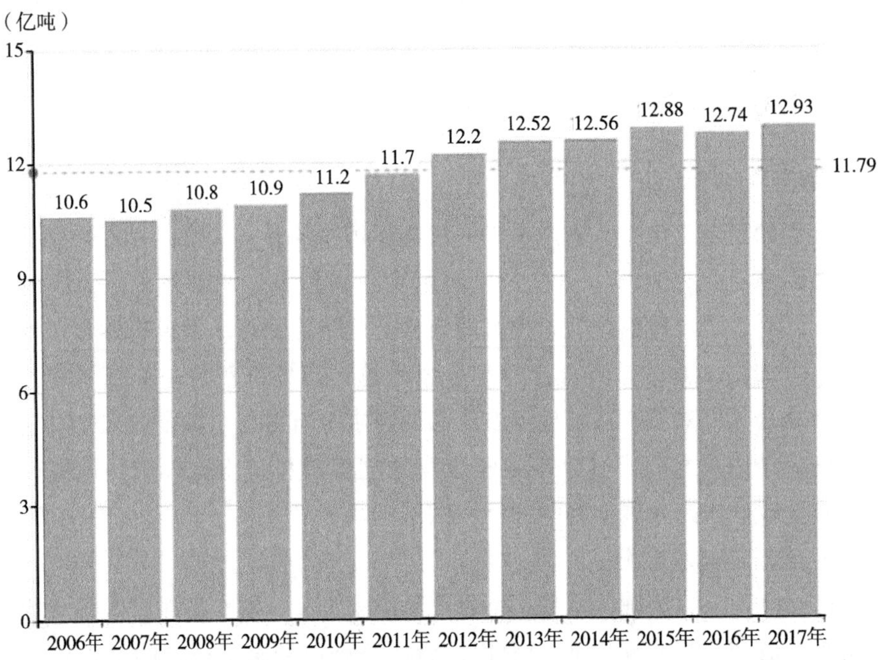

图 3-14　2006—2017 年我国农产品需求量

数据来源：智研咨询。

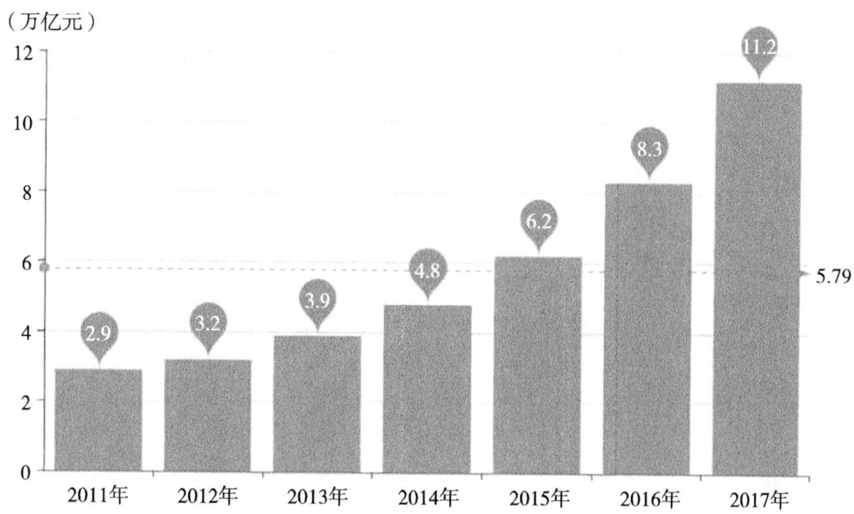

图 3-15　2011—2017 年我国农产品市场交易额

数据来源：智研咨询。

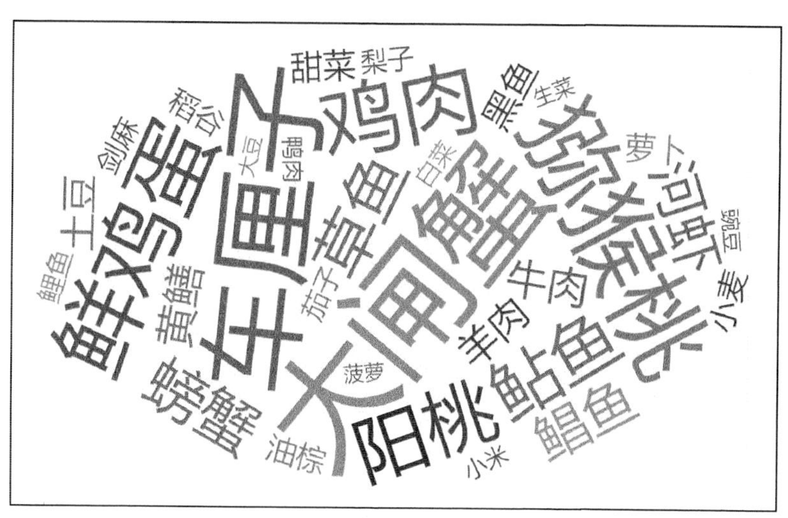

图 3-16　我国农产品需求文字云

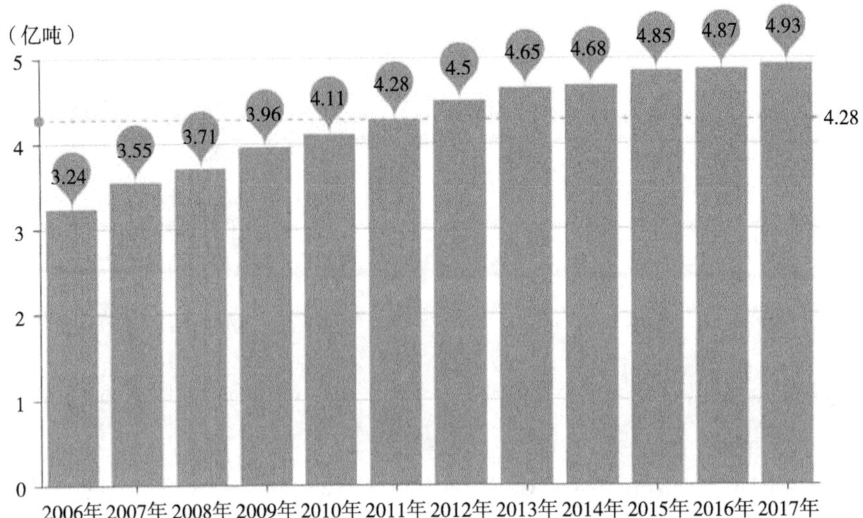

图 3-17　2006—2017 年我国生鲜农产品需求量

数据来源：智研咨询。

在生鲜农产品需求量逐年增加的同时，生鲜农产品在农产品中的需求占比逐渐上涨。由图 3-18 可以看出，我国生鲜农产品的需求占比从 2006 年的 30.86% 增加到 2017 年的 39.13%，平均占比达到了 36.27%。

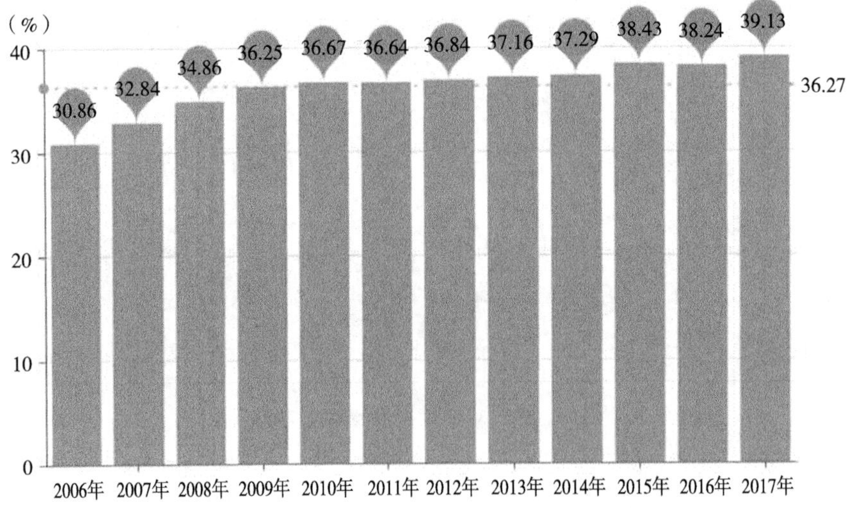

图 3-18　2006—2017 年我国生鲜农产品需求占比

数据来源：智研咨询。

湖南省是一个人口大省，也是一个农产品需求大省。由图 3-19 可以看出，湖南省的部分生鲜农产品需求也在逐渐上升，其中水果类和肉类需求量相对较多，牛奶需求量相对较少。生鲜企业需要保证食品的新鲜、快速到达等顾客需求。

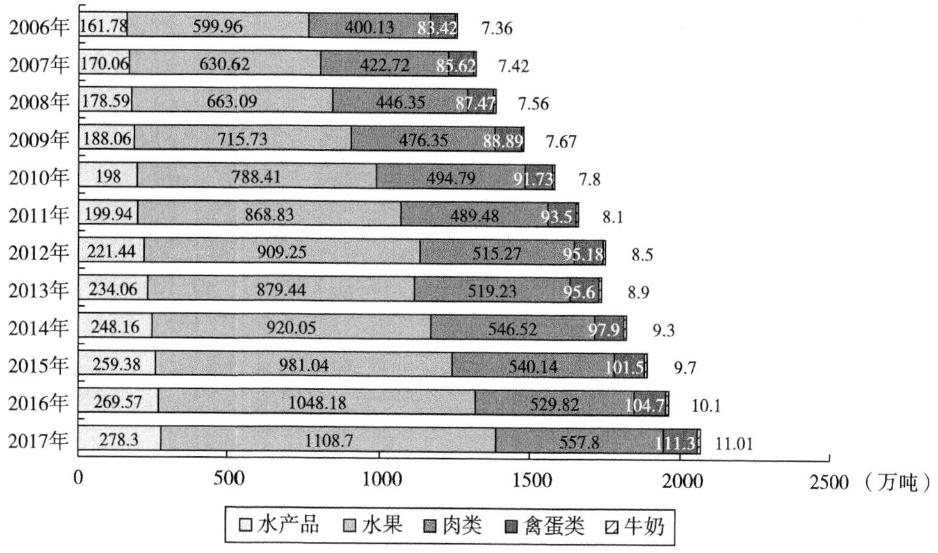

图 3-19　2006—2017 年湖南省部分生鲜农产品需求量

（3）生鲜市场规模数据。

随着对生鲜农产品需求的日益增加，生鲜超市等线下商超企业市场规模也逐年扩大。由图 3-20 可以看出，我国生鲜超市行业市场规模由 2011 年的 0.85 万亿元增加到 2017 年的 1.51 万亿元，平均每年的市场规模达到了 1.11 万亿元，总体呈现上升的趋势。

生鲜农产品需求逐年增加，生鲜电商行业市场规模也日益扩大。由图 3-21可以看出，我国生鲜电商行业市场规模逐年递增，由 2010 年的 4.2 亿元增加到 2017 年的 1221.15 亿元。

生鲜市场规模日益上涨的同时，生鲜行业市场交易额也逐年扩大。由图3-22 可以看出，我国生鲜市场交易额由 2010 年的 10100 亿元增加到 2017 年的 17900 亿元，其中生鲜电商市场交易额由 2010 年的 160.2 亿元增加到 2017 年的 11370.8 亿元，2017 年生鲜电商市场增长率达到了 113.8%。

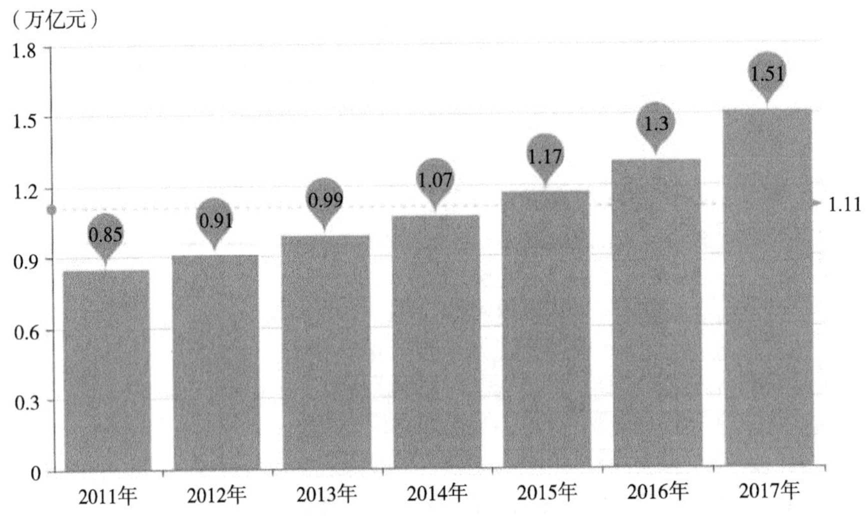

图 3-20　2011—2017 年我国生鲜超市行业市场规模

数据来源：中国产业信息网。

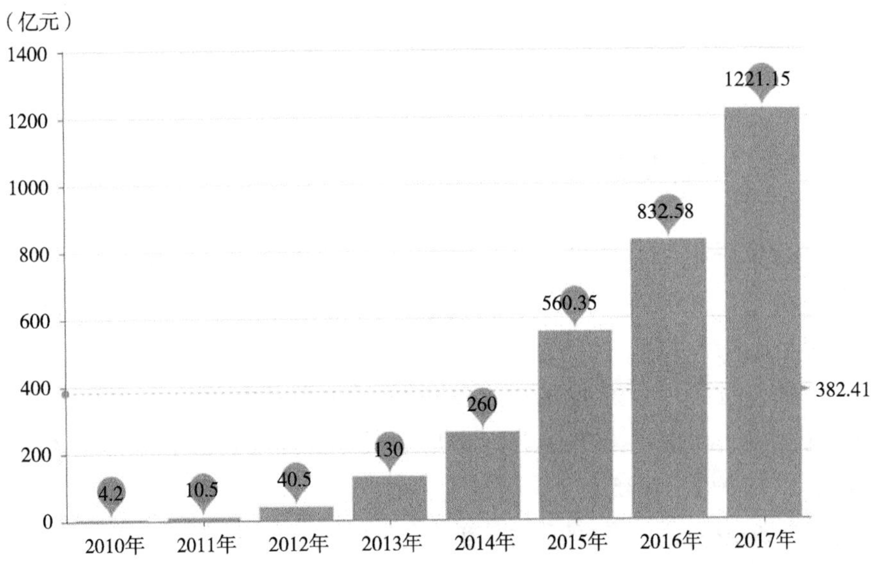

图 3-21　2010—2017 年我国生鲜电商行业市场规模

数据来源：中国产业信息网。

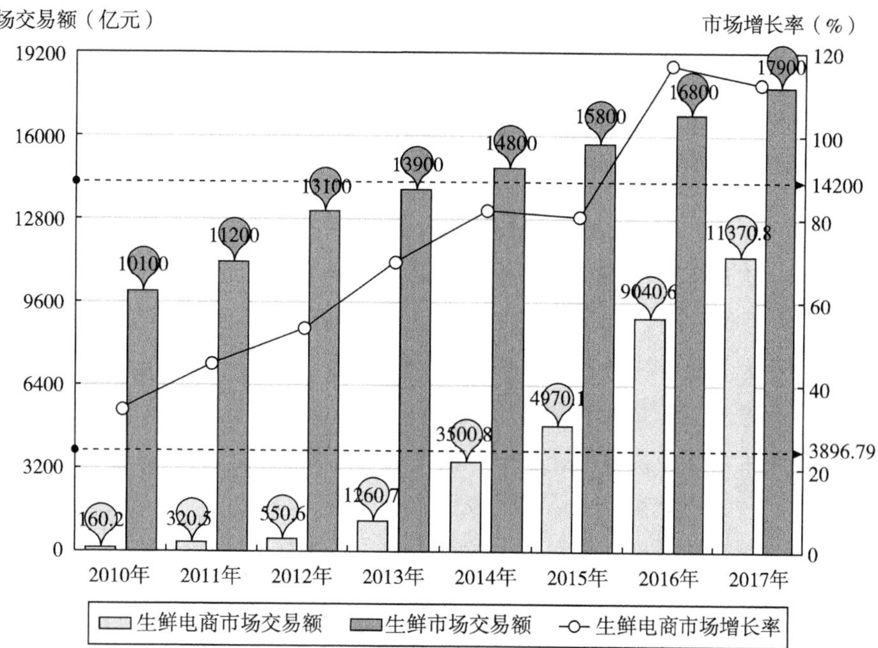

图 3-22　2010—2017 年我国生鲜电商市场交易额、生鲜市场交易额及生鲜电商市场增长率

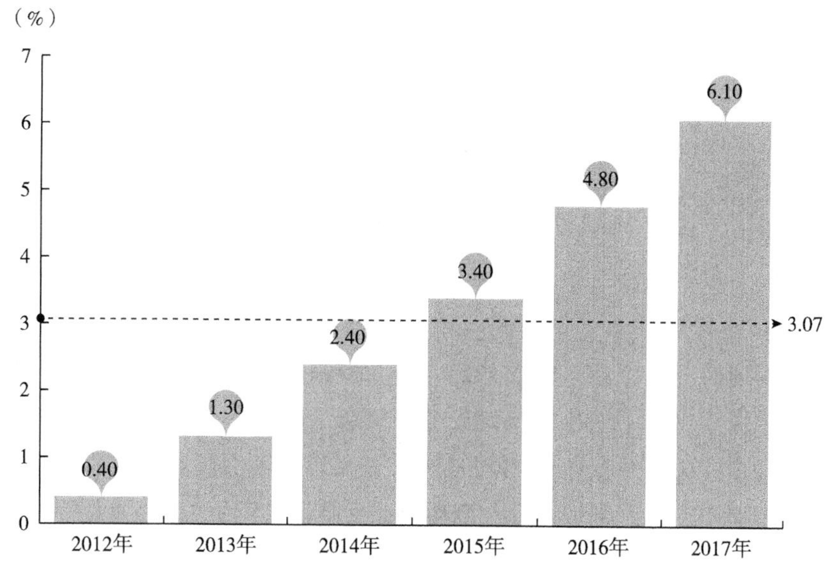

图 3-23　2012—2017 年我国生鲜电商占农产品零售比例

数据来源：中国产业信息网。

随着日益增大的网民基数和膨胀的网购需求，传统的生鲜农产品营销模式已无法满足日益庞大、消费不断升级的市场，生鲜电商占农产品零售的比例日益上涨。由图 3-23 可以看出，我国生鲜电商占农产品零售的比例由 2012 年的 0. 4%增加到 2017 年的 6. 1%。生鲜电商平台成为销售农产品的一个主要平台。

2. 分析结果

（1）巨大的农产品需求促使企业提高配送能力。

食品是特殊商品，农产品是食品中更为特殊的一种。食品安全关系到广大人民的生命安全。随着经济发展，顾客消费多元化，人们对食品的新鲜程度以及品种多样性更为关注，尤其看重食品品质的高低。由农产品数据分析可以得到，农产品需求逐年增加，其中生鲜农产品占据需求比例较大。市场上对农产品的需求日益上涨，生鲜企业紧跟市场需求抢占市场份额。对于生鲜企业来说，生鲜配送就是企业的生命。目前企业间最大的竞争力主要来自生鲜农产品的配送。生鲜农产品逐年增多的需求推动企业抓紧提高自身的配送能力。

（2）上涨的生鲜农产品需求拉动企业对冷链物流的需求。

由生鲜农产品需求数据分析可以总结出，人们对生鲜农产品的需求日益提高，为企业带来高额消费力。但生鲜农产品运输具有很高的要求，整个运输过程必须是冷链运输，其中不仅运输时间要求短，运输条件也有高要求，要在冷藏车等冷链设备中运输，同时生鲜农产品具有强消费黏性、高重复活跃度的消费特性，值得挖掘其潜在市场、创造更大的效益。根据艾瑞咨询发布的《中国生鲜电商行业消费洞察报告》，2017 年中国生鲜电商市场交易规模约为 1391. 3 亿元，将近 1400 亿元，同比增长 59. 7%。根据 BCG（波士顿咨询公司）在《中国生鲜消费趋势报告：新时代生鲜市场制胜之道》中预测，凭借需求拉动，到 2020 年，生鲜线上消费占总消费比例将由目前的 7%增长到 15%，生鲜电商市场规模将达到 3470 亿元。日益增长的生鲜农产品需求和市场交易量在助力生鲜农产品消费的同时，也拉动生鲜农产品企业对冷链物流的需求。生鲜农产品企业需要与一个拥有高水平的冷链基础设施、完善的冷链体系的第三方物流企业合作，在提高企业的自身竞争力的同时获取更大的市场份额。

（3）发展迅速的生鲜市场行业推动企业提高自身竞争力。

近几年，迅速发展的生鲜电商行业，为冷链物流的可持续发展带来巨大的发展空间。截至 2017 年，网络零售额达 7. 18 万亿元，首次突破 7 万亿元大关，比上年增长 32. 2%，增速较上年加快 6 个百分点。其中，生鲜电商零售额 2. 36 万亿元，同比增长 6.1%，占社会零售总额比重达 15%，比上年提高 2.4 个百分点；对社会零售总额增长的贡献率为 37.9%，比上年提升 7.6 个百分点。生鲜农产品是电商中门槛最高、要求最高的品类，其中物流运输环节对生鲜农产品企业起到关键作用。随着国内生鲜电商市场的迅速发展，企业的物流需求带动了冷链物流市场的快速发展。同时，由于生鲜农产品保鲜性以及易腐性等特征的制约，运输过程中大部分生鲜农产品都需低温冷藏运输，这就需要提高冷链物流的配送质量。

3.2.2 企业需求分析

从企业的角度分析，顾客的消费需求和担忧是影响企业发展的重要因素。随着消费需求的增加，企业不仅需要提高订单响应率，更加需要侧重生鲜农产品的质量，例如新鲜度。本章结合果蔬冷链流通现状、生鲜零售分类占比现状以及影响消费者购买生鲜的因素分析得到企业抢占市场份额不仅要保证运输过程中生鲜农产品的质量，还要保证运输过程中生鲜农产品的安全。

1. 数据来源

（1）冷链物流需求数据。

由于生鲜农产品有着保质期短、易损耗的特征，使得冷链物流成为生鲜农产品运输和配送中不可或缺的一部分。随着冷链物流的发展，冷链果蔬流通量逐年增加。如图 3-24 所示，我国果蔬的冷链流通量从 2007 的 0.27 亿吨增加到 2017 年的 2.15 亿吨。与此同时，伴随着生鲜行业的发展，众多生鲜企业为保证生鲜农产品的耗损率开始注重生鲜的冷链运输，深入冷链运输链。

生鲜农产品保质期短，消费者需要通过高频次购买生鲜农产品来保证新鲜度，因此生鲜农产品具有较高的复购率。如图 3-25 所示，在生鲜零售额分类中，水果类、蔬菜类、肉类这三类消费占比很大。而这些生鲜农产品都需要经过冷藏处理再进行长途运输，没有经过冷藏直接进行长途运输会给企业带来高额的生鲜损耗。

（2）食品溯源需求数据。

近年来，频频爆发的食品安全问题，使得消费者的食品安全意识越来越高，越发重视所购买的生鲜农产品质量。特别是在生鲜领域，消费者对质量的重视表现得更为明显，50%的用户表示在选择生鲜电商平台时最看重食品安全，物流配送为第二考虑因素，占比约为 18.8%。用户对品质和体验的高要求，将促使生鲜电商平台更加严格地选品、把控运输过程中的食品安全，争取做到食品可追溯。

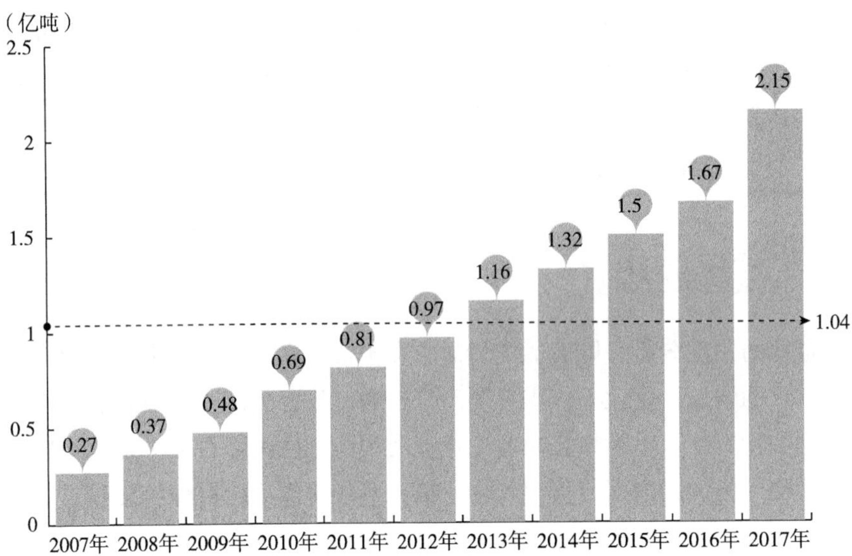

图 3-24　2007—2017 年我国果蔬冷链流通量

数据来源：国家统计年鉴。

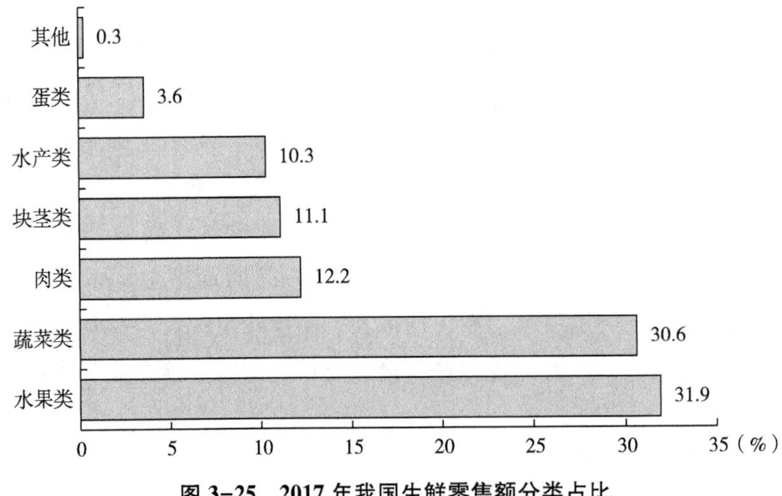

图 3-25　2017 年我国生鲜零售额分类占比

数据来源：中国物流与采购网。

2017 年我国消费者购买生鲜农产品的影响因素占比如图 3-26 所示。

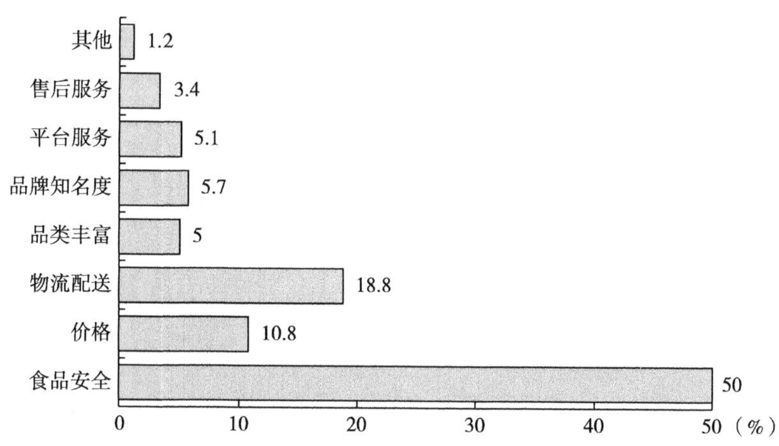

图 3-26　2017 年我国消费者购买生鲜农产品的影响因素占比

数据来源：中国物流与采购网。

2. 分析结果

（1）顾客的消费趋势促使企业提高冷链配送能力。

根据 BCG 中国消费者洞察智库（CCI）2017 年调研显示，高频次购买生鲜农产品是中国消费者保证产品新鲜常用的方法之一，36%的受访者表示他们每周购买新鲜蔬菜的次数超过 3 次，一年要超过 140 次。此外，中国消费者购买频繁的品类为常温食品和生鲜农产品，生鲜农产品平均购买频次为 24 次/年，消费者需求趋势为企业带来高额的消费力，是企业赢得市场份额、提高自身竞争力的关键因素。但生鲜农产品具有冷藏要求高、保质期短、易耗损的特征，这需要企业提高自身的冷链配送能力，严格控制运输过程的全程冷链，同时还要保证配送时间。对于企业来说，从生鲜农产品的采购到配送，链条已经足够长。最好的方式是把物流外包给专业的第三方物流企业。当第三方物流企业能够提供相对专业的供货、仓储、冷链运输操作时，会降低企业的前期操作困难，使其成为一个专门销售的企业。然而，目前市场上能提供合适服务的第三方物流企业并不多，而服务价格、配送范围、冷链操作能够符合要求的可选择的范围更是狭窄。据了解，目前已有的独立冷链物流网络多为产、供、销一体化模式，或是在特定区域内自给自足。对于第三方物流企业来说，通过提高自身的冷链运输能力来迎合企业的冷链需求是一个发展机遇。

（2）顾客的消费担忧推动企业建立食品可追溯体系。

近年来，食品安全问题频发，消费者对食品安全的意识越来越高，在购买生鲜农产品时愈加重视产品质量。据智研咨询发布的调研报告，70%的消费者在购物时优先考虑产品或服务的质量，64.4%的消费者考虑价格；在生鲜农产品市场领域，对产品质量的重视表现得更为明显。对于企业来说，具备追溯链条的生鲜农产品将成为更多消费者的选择，不仅可以促进企业的高速发展，还可以发掘巨大的市场潜力。但生鲜农产品的溯源监管涉及诸多部门，协同分工、多层结构是生鲜农产品溯源监管的发展趋势。生鲜农产品产业链条长、环节多，溯源是完成“从农田到餐桌”的全程可追溯，因此其囊括了种植（养殖）、加工、运输、批发与零售等所有环节。基于这个发展趋势，企业需要协同其他企业来实现生鲜农产品追溯体系，这样不仅可以降低企业的成本，还可以提高企业自身的竞争力。企业位于链条的批发或零售端，上游信息缺乏，需要协同生产商、第三方物流企业共同建立生鲜农产品追溯体系。企业的这种需求是第三方物流的机遇，对于第三方物流企业来说，其优势在于可以提供端口给制造商编入生鲜农产品采购地点、生产过程等信息，同时还可以编入运输过程中的信息，可为生鲜企业解决信息集成的难题。

3.3 本章小结

在本章中，从消费者和企业两个不同方向进行生鲜农产品冷链智慧溯源系统的需求分析。通过采集消费者发表在社交平台上的需求，并对其进行语义分析，得到消费者对于目前生鲜农产品冷链不满意的方面以及改进的方向；通过采集互联网上企业发表的营业数据，分析企业面临的难点，从而全面地得出生鲜农产品冷链智慧溯源系统的需求。

4 生鲜农产品冷链智慧溯源系统总体设计

4.1 系统设计思路

4.1.1 设计目标

生鲜农产品冷链智慧溯源系统设计开发主要包括以下两项目标。

1. 降低物流企业的运作成本

现有物流企业大多在运作时存在信息反馈不及时、不精确、不全面等问题，导致大量的人力、物力资源的占用与浪费，同时信息化程度低，需要人工手动操作，增加了运作成本。因此，物流企业需要提高信息化程度，对人员进行合理安排，减少因反馈不及时造成的成本。

2. 满足客户的可溯化需求

生鲜农产品安全事件频发促使消费者要求零售商、分销商、供应商提供安全凭证，以证明生鲜农产品安全。而物流企业作为保证生鲜农产品安全的一个重要环节，需要为客户提供安全凭证。因此，物流企业需要提高可溯化水平，实时记录并保存生鲜农产品运输途中的数据，让消费者和客户都直观地了解运输途中的详细情况。

4.1.2 系统设计框架

物流企业需要以优质的服务吸引顾客，因此需要了解客户的需求，针对客户的需求提供相应的服务。

物流企业需要满足消费者的需求，此外，需要将生鲜农产品运输到分销商、零售商处，并针对消费者的需求提供安全凭证（可视信息），从而吸引更多的消费者，进而获得更多的客户及订单。

因此，物流企业需要一个可视化的冷链溯源平台。从供应商将产品运输到物流企业的仓库中开始采集监测信息，并将这些数据实时共享给系统使用者，之后再将运输途中的信息进行共享，同时为消费者提供运输途中信息的全程展示。

生鲜农产品冷链智慧溯源系统应用于生鲜农产品冷链物流，能提高物流园区生鲜农产品冷链的运输质量，从而满足消费者对生鲜农产品的产品质量的需求。当前食品安全事件频发，消费者对生鲜农产品的担心度也日益增长，生鲜农产品冷链智慧溯源系统为消费者提供安全保障，为物流企业吸引更多的客户，从而提高物流企业的市场占有率。因此，生鲜农产品冷链智慧溯源系统需要面向物流企业的客户，面向物流企业，面向消费者三方。

1. 生鲜农产品冷链智慧溯源系统不同客户群端口介绍

生鲜农产品冷链智慧溯源系统主要对生鲜农产品仓储及运输途中的信息进行监测及溯源，并提供面向消费者、物流企业的客户、物流企业的三个端口。

（1）面向消费者的端口。

消费者需要了解生鲜农产品的质量情况，所以生鲜农产品冷链智慧溯源系统给每个农产品附上一个 QR（快速反应）码，消费者可以通过手机扫描 QR 码了解生鲜农产品运输的所有信息。因此，系统需要以订单为载体连接消费者 QR 码中的订单编号，以可视化界面向消费者展示对应订单编号的监测数据。

（2）面向物流企业的客户的端口。

物流企业的客户为保障生鲜农产品的质量，需要实时了解生鲜农产品的情况，所以生鲜农产品冷链智慧溯源系统给物流企业的客户一个端口查看订单详情。物流企业的客户可以通过自己的账号查看与自己有关的所有订单。因此，系统需要以物流企业的客户的账号为基础，在订单系统中筛选出所有与其相关的订单，并以可视化的界面展示。

（3）面向物流企业的端口。

物流企业为保留客户，需要保证仓储及运输中生鲜农产品的质量，需要对每一时间段的生鲜农产品的信息进行采集与管理。因此，系统需要以客户的每一个订单为基础，对生鲜农产品进行仓储及运输管理，并对其中生鲜农产品的数据进行监测与控制，并将其保存至数据库方便日后出现问题时及时溯源。日常操作过程中以可视化的界面展示给物流企业的管理人员。

2. 生鲜农产品冷链智慧溯源系统子系统介绍

构建生鲜农产品冷链智慧溯源系统的目的是向消费者提供生鲜农产品安全凭

证。要实现这个目的就需要了解消费者所买生鲜农产品的订单编号，以及该生鲜农产品在运输途中的详细情况。因此要实现生鲜农产品冷链智慧溯源系统就需要以生鲜农产品冷链智能订单管理子系统为溯源载体，生鲜农产品冷链智能数据监测子系统为溯源信息来源，生鲜农产品冷链智慧溯源可视化子系统为溯源信息展示。

其中，生鲜农产品冷链智能订单管理子系统（以下简称“智能订单管理子系统”）可以对订单进行录入与管理，生鲜农产品冷链智能数据监测子系统（以下简称“智能数据监测子系统”）可以对生鲜农产品在途的信息进行监测与预警，生鲜农产品冷链智慧溯源可视化子系统（以下简称“智慧溯源可视化子系统”）可以向不同的用户提供不同信息，如图 4-1 所示。

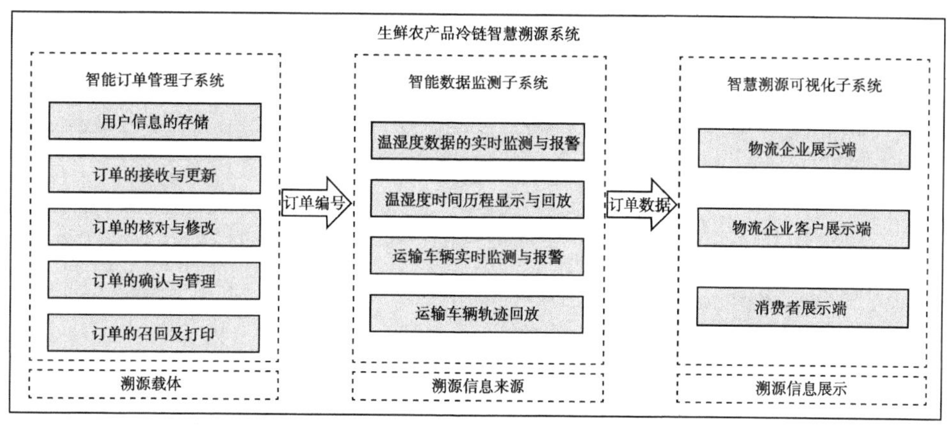

图 4-1　生鲜农产品冷链智慧溯源系统总架构

因此，生鲜农产品冷链智慧溯源系统需要由智能订单管理子系统、智能数据监测子系统及智慧溯源可视化子系统组成，实现完整的生鲜农产品冷链溯源链。

4.2　系统的核心功能

本系统的主要用户为物流企业、生鲜农产品供应商和生鲜农产品分销商等生鲜农产品产业链企业和消费者。通过生鲜农产品溯源需求分析，得出系统主要用例有：订单信息查询、订单处理、订单溯源信息上传与管理、溯源信息审查、可视化信息展示、监测数据采集、监测数据上传与管理等。系统顶级 UML（统一建模语言）用例如图 4-2 所示。

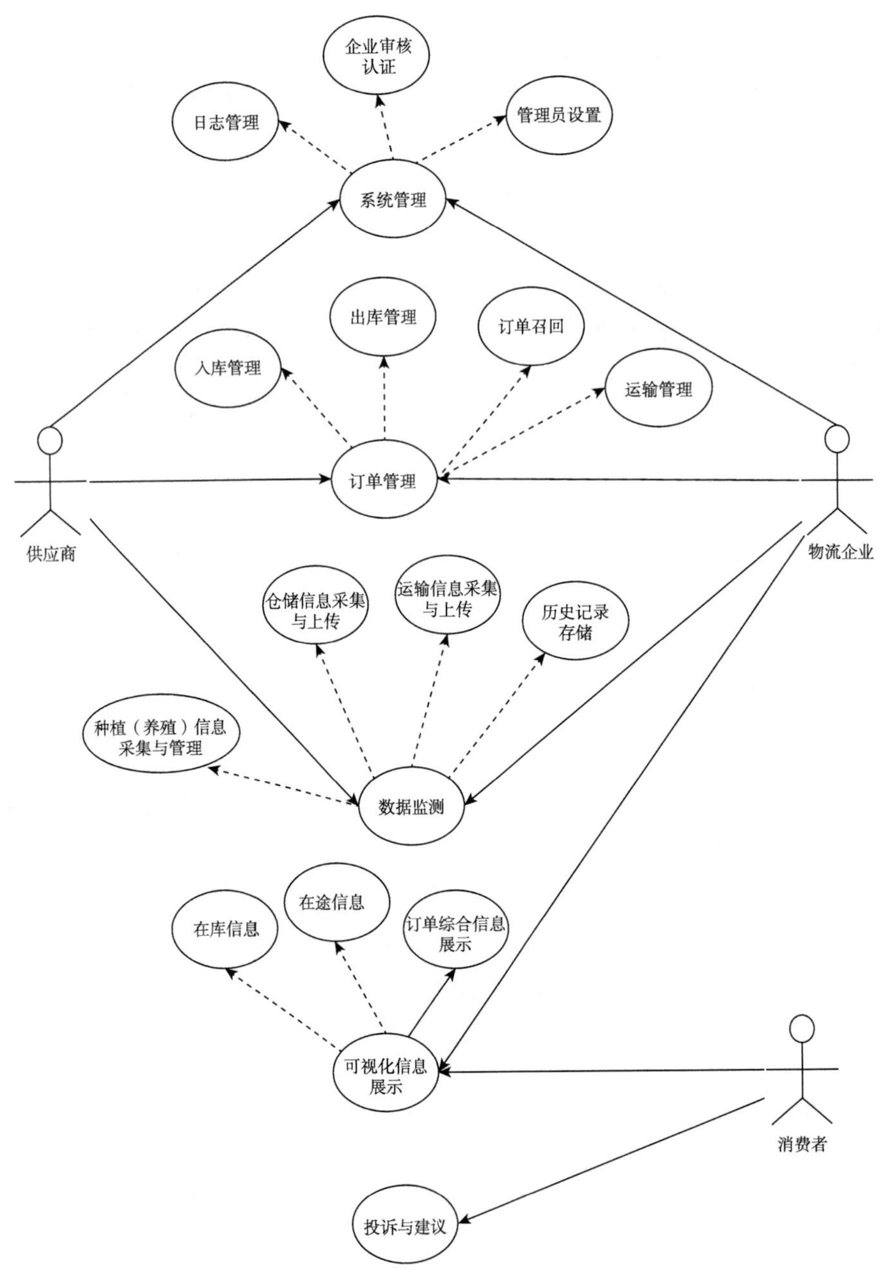

图 4-2　系统顶级 UML 用例

生鲜农产品冷链智慧溯源系统围绕生鲜农产品溯源信息管理、生鲜农产品监测信息采集和生鲜农产品冷链溯源信息可视化查询的业务需求，划分为生鲜农产品订单管理、生鲜农产品数据监测、生鲜农产品可视化溯源三大模块，实现生鲜农产品信息采集、管理、查询和监督等功能，建立面向生鲜农产品供应链企业、物流企业和消费者的信息交互平台，并以网站、短信等手段提供信息查询等服务。生鲜农产品冷链智慧溯源系统以对溯源数据的管理为基础，通过专业的数据模块支撑系统，从而快速高效处理系统业务，兼容多种终端设备，扩大其应用范围。网络结构设计如图 4-3 所示。

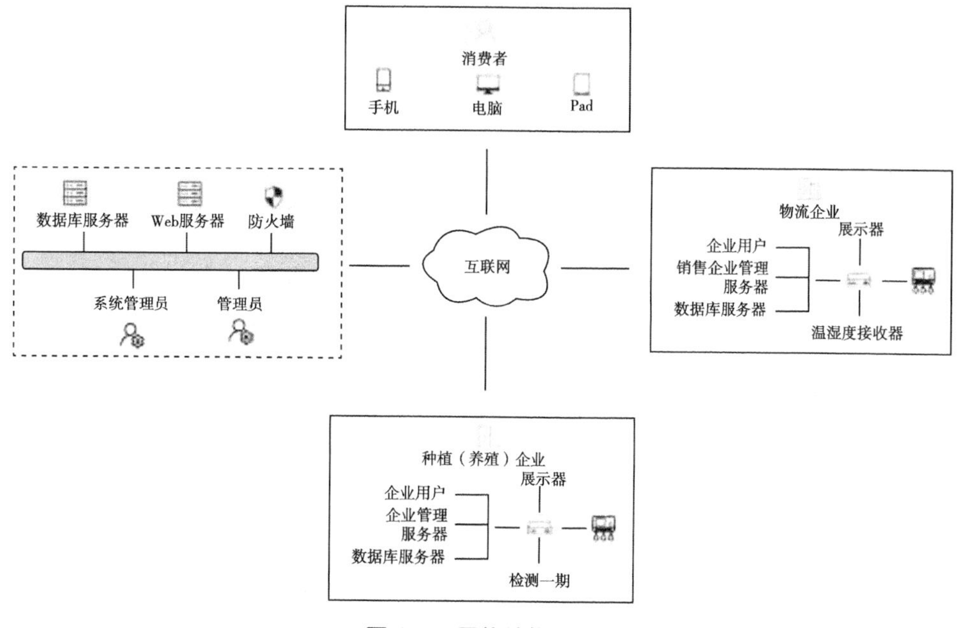

图 4-3　网络结构设计

我国生鲜农产品流通包括种植（养殖）、运输、批发与零售环节。由于各个环节主体不同，流程差异较大，因此，本系统划分为智能订单管理子系统、智能数据监测子系统、智慧溯源可视化子系统。其中，智能订单管理子系统是物流数据的载体，包含入库、出库、运输等时间及相关人员的信息，确保每一环节有迹可循；智能数据监测子系统是主要通过 RFID、GPS 等技术记录订单在生产、物流过程中各项指标数据，如温度、湿度、运输路径等；智慧溯源可视化子系统是为物流企业、物流企业的客户提供查看物流信息的通道。

4.3 系统部署与运营

4.3.1 数据库设计

数据库设计主要是建立系统的数据存储结构。生鲜农产品冷链智慧溯源系统针对生鲜农产品的所有数据信息进行管理和维护，包括的主要数据实体有用户、各种动态生成的产品类、流程类实体。由于数据库的开发成本高、开发周期长以及数据的复杂程度高，智能订单管理子系统数据库采用云数据库，将数据库命名为 OrderDate。智能订单管理子系统数据库可实现对订单、车辆等基本信息的管理，对生鲜农产品出库、入库、物流信息的管理。数据库设计在系统设计中占有非常重要的位置，数据库为前台页面和业务逻辑的实现提供数据支持。生鲜农产品冷链智慧溯源系统的数据库表包括读写标签写数据表、读写标签读数据表、温湿度标签读取表、车辆定位数据表等，每个数据表都有对应的字段和数据类型。

总体数据库表设计如表 4-1 所示。

表 4-1　　总体数据库表设计

第三方物流企业信息表 company	公司编号、公司名称、公司地址、注册号、公司类型、法定代表人、注册资本、成立日期、经营期限、经营范围、登记机关、核准日期、登记状态、开始合作时间、合作期限（单位：年）、合作状态（1=合作、0=解约）、备注
客户企业信息表 fre_user	单位编号、单位名称、单位地址、使用单位类型（1=超市、2=批发市场、3=食堂、4=农贸市场、5=生鲜市场、6=其他）、联系人、联系方式、备注
用户信息表 user	用户编号（主键）、用户名、用户密码（用于登录系统）、邮箱、姓名、联系方式、所在单位类型（1=生鲜农产品配送中心、2=第三方物流企业、3=生鲜农产品使用单位）、所在单位编号、所在单位名称、权限类别（1=智能订单管理子系统、2=智能数据监测子系统、3=智慧溯源可视化子系统）、账号创建时间、身份、是否审核、账号状态（1=正常、0=过期）、审核时间、审核备注

续表

生鲜农产品库存信息表（生鲜农产品中心）fre_stock_info	库存编号、订单编号、订单名称、生鲜农产品数量、生鲜农产品规格、生鲜农产品包装、生鲜农产品装量、生产厂家、库存状态（1=正常、2=缺货、3=停售）、备注
设备信息表 equip	设备编号、设备类别、车辆编号（即车牌号）、所属单位类型（1=生鲜农产品配送中心、2=第三方物流企业）、所属单位编号（1=生鲜农产品配送中心，其他即第三方物流企业编号）、联系人、联系方式、设备状态、创建时间、是否审核、审核结果、审核时间、审核备注
生鲜农产品运输信息表 fre_trans	运输编号、运输批次编号、订单编号、生鲜农产品名称、生鲜农产品数量、车辆编号、标签编号、开始运输时间（即从生鲜农产品配送中心出库的时间）、生鲜农产品使用单位编号、备注、驾驶员姓名、驾驶员联系方式
运输批次表 trans	运输批次编号、创建时间、对应负责人、负责人联系方式
生鲜农产品温度要求表 fre_humi	生鲜农产品温度编号、生鲜农产品编号、生鲜农产品名称、温度要求、湿度要求、最高温度、最低温度、最大湿度、最小湿度
温湿度标签读取表 fre_humi_lable	读取编号、标签编号、湿度、温度、读写器编号、当前时间、温度状态（1=温度正常、0=温度超标）、湿度状态（1=湿度正常、0=湿度超标）
读写标签写数据表 lable_write	写数据编号、标签编号、写数据区号、数据内容、读写器编号、当前时间
读写标签读数据表 lable_read	读标签编号、标签编号、设备编号、当前时间
出入库及盘点信息表 fre_stock_flow	编号、运输编号、生鲜农产品编号、生鲜农产品名称、开始运输时间、到达时间、温度状态（1=温度正常、0=温度超标）
温湿度报警信息表 warning	报警编号、生鲜农产品编号、生鲜农产品名称、车辆编号、标签编号、温度要求、湿度要求、报警温度、报警湿度、是否已读（1=已读、0=未读）、报警时间
车辆定位数据表 vehicle loca	数据编号、订单编号、车辆编号、GPS 设备编号、行驶里程

下面介绍几个主要的数据表（见表 4-2 至表 4-13）结构。

表 4-2　　第三方物流企业信息表 company

字段名称	数据类型	是否为空	是否为主键	字段解释
comp_code	nvarchar（20）	F	T	公司编号
comp_name	nvarchar（20）	F	F	公司名称
address	nvarchar（50）	F	F	公司地址
regist_code	nvarchar（50）	F	F	注册号
type	nvarchar（20）	F	F	公司类型
legal_person	nvarchar（20）	F	F	法定代表人
regist_capital	float	F	F	注册资本
establish_time	float	F	F	成立日期
business_period	float	F	F	经营期限
business_range	nvarchar（100）	F	F	经营范围
authority	nvarchar（50）	F	F	登记机关
check_time	datetime	F	F	核准日期
status	int	F	F	登记状态
start_coop_time	datetime	F	F	开始合作时间
coop_period	float	F	F	合作期限/年
coop_status	int	F	F	合作状态（1=合作、0=解约）
remark	nvarchar（50）	T	F	备注

表 4-3　　客户企业信息表 fre_user

字段名称	数据类型	是否为空	是否为主键	字段解释
fre_user_code	nvarchar（20）	F	T	单位编号
fre_user_name	nvarchar（20）	F	F	单位名称
address	nvarchar（50）	F	F	单位地址
type	int	F	F	使用单位类型
contact_name	nvarchar（50）	T	F	联系人
contact_phone	nvarchar（50）	T	F	联系方式
remark	nvarchar（50）	T	F	备注

表 4-4 设备信息表 equip

字段名称	数据类型	是否为空	是否为主键	字段解释
equip_code	nvarchar（20）	F	T	设备编号
Equip_type	nvarchar（20）	F	F	设备类别
car_code	nvarchar（50）	F	F	车辆编号
Belong_user_type	float	F	F	所属单位类型
Belong_user_code	float	F	F	所属单位编号
contact_name	nvarchar（50）	T	F	联系人
contact_phone	nvarchar（50）	T	F	联系方式
equipstatus	bool	T	F	设备状态
me_code	datetime	F	F	创建时间
is audit	bool	T	F	是否审核
audit result	bool	T	F	审核结果
audit time	datetime	F	F	审核时间
audit remark	bool	F	F	审核备注

表 4-5 用户信息表 user

字段名称	数据类型	是否为空	是否为主键	字段解释
humi_code	nvarchar（20）	F	T	用户编号
me_code	nvarchar（20）	F	F	用户名
temp_req	nvarchar（50）	F	F	用户密码
humi_req	nvarchar（50）	F	F	邮箱
max_temp	float	F	F	姓名
min_temp	float	F	F	联系方式
max_humi	float	F	F	所在单位类型
Belong_user_code	nvarchar（50）	F	F	所在单位编号
Belong_user_name	nvarchar（50）	F	F	所在单位名称
type	int	F	F	权限类别
me_code	datetime	F	F	账号创建时间
id	int	F	F	身份
is audit	bool	F	F	是否审核

续表

字段名称	数据类型	是否为空	是否为主键	字段解释
status	bool	F	F	账号状态
audit time	datetime	F	F	审核时间
audit remark	nvarchar（50）	F	F	审核备注

表 4-6　　生鲜农产品库存信息表 fre_stock_info

字段名称	数据类型	是否为空	是否为主键	字段解释
humi_code	nvarchar（20）	F	T	库存编号
ordor_code	nvarchar（20）	F	F	订单编号
temp_req	nvarchar（50）	F	F	订单名称
humi_req	nvarchar（50）	F	F	生鲜农产品数量
min_temp	float	F	F	生鲜农产品规格
max_humi	float	F	F	生鲜农产品包装
fre_cap	nvarchar（20）	F	F	生鲜农产品装量
manu	nvarchar（50）	F	F	生产厂家
status	bool	F	F	库存状态
remark	nvarchar（50）	F	F	备注

表 4-7　　生鲜农产品运输信息表 fre_trans

字段名称	数据类型	是否为空	是否为主键	字段解释
humi_code	nvarchar（20）	F	T	运输编号
me_code	nvarchar（20）	F	F	运输批次编号
humi_req	nvarchar（50）	F	F	订单编号
max_temp	float	F	F	生鲜农产品名称
min_temp	float	F	F	生鲜农产品数量
max_humi	float	F	F	车辆编号
label_id	nvarchar（20）	F	F	标签编号
start_tran	datetime	F	F	开始运输时间
fresh_unit_code	nvarchar（20）	F	F	生鲜农产品使用单位编号
remark	nvarchar（50）	F	F	备注

续表

字段名称	数据类型	是否为空	是否为主键	字段解释
driver_name	nvarchar（20）	F	F	驾驶员姓名
driver_contact	nvarchar（20）	F	F	驾驶员联系方式

表 4-8　　运输批次表 trans

字段名称	数据类型	是否为空	是否为主键	字段解释
humi_code	nvarchar（20）	F	T	运输批次编号
me_code	nvarchar（20）	F	F	创建时间
temp_req	nvarchar（50）	F	F	对应负责人
humi_req	nvarchar（50）	F	F	负责人联系方式

表 4-9　　出入库及盘点信息表 fre_stock_flow

字段名称	数据类型	是否为空	是否为主键	字段解释
flow_code	nvarchar（20）	F	T	编号
lable_id	nvarchar（20）	F	F	运输编号
timestamp	nvarchar（20）	F	F	生鲜农产品编号
mark	Int	F	F	生鲜农产品名称
start-tran	nvarchar（50）	F	F	开始运输时间
arri_time	Datetime			到达时间
temp_status	Bool	F	F	温度状态

表 4-10　　读写标签写数据表 lable_write

字段名称	数据类型	是否为空	是否为主键	字段解释
lable_write	nvarchar（20）	F	T	写数据编号
lable_id	nvarchar（20）	F	F	标签编号
num_id	Int	F	F	写数据区号
data	nvarchar（100）	F	F	数据内容
device_id	nvarchar（20）	F	F	读写器编号
timestamp	datetime	F	F	当前时间

表 4-11　　读写标签读数据表 lable_read

字段名称	数据类型	是否为空	是否为主键	字段解释
lable_humi_ode	nvarchar（20）	F	T	读标签编号
label_id	nvarchar（20）	F	F	标签编号
humi	nvarchar（20）	F	F	设备编号
temp	nvarchar（20）	F	F	当前时间

表 4-12　　温湿度报警信息表 warning

字段名称	数据类型	是否为空	是否为主键	字段解释
flow_code	nvarchar（20）	F	T	报警编号
lable_id	nvarchar（20）	F	F	生鲜农产品编号
timestamp	nvarchar（20）	F	F	生鲜农产品名称
max_humi	nvarchar（20）	F	F	车辆编号
label_id	nvarchar（20）	F	F	标签编号
temp_req	nvarchar（50）	F	F	温度要求
humi_req	nvarchar（50）	F	F	湿度要求
warn_temp	nvarchar（50）	F	F	报警温度
warn_humi	nvarchar（50）	F	F	报警湿度
is_read	bool	F	F	是否已读
warn_time	datetime	F	F	报警时间

表 4-13　　车辆定位数据表 vehicle loca

字段名称	数据类型	是否为空	是否为主键	字段解释
id	Varchar	F	T	数据编号
dd	Varchar	F	F	订单编号
carnum	Varchar	F	F	车辆编号
deviceid	Varchar	F	F	GPS 设备编号
gpsmealage	Varchar	F	F	行驶里程

4.3.2　后台云服务器的选择

后台服务器通常用于备份和交换数据，一般情况下用户只能访问前台。有一些安全的设置是在前台注册账号，但数据是保存在后台服务器，以保证数据的安全性。云服务器（Elastic Compute Service，ECS）提供一种简单高效、安全可靠、处理能力可弹性伸缩的计算服务。其管理方式比物理服务器更简单高效。用户无须提前购买硬件，即可迅速创建或释放任意多台云服务器。云服务器所用资源如图 4-4 所示。

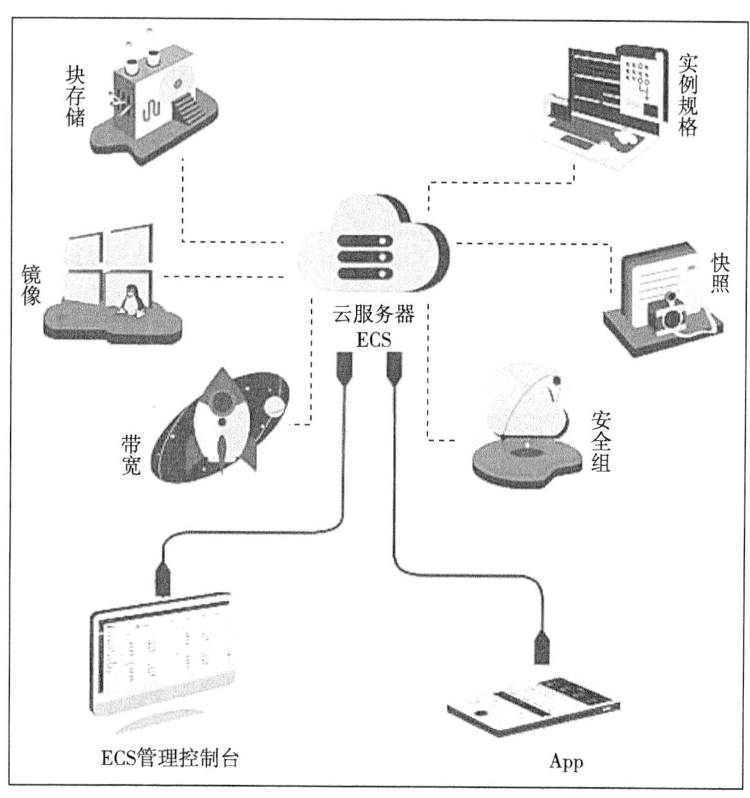

图 4-4　云服务器所用资源

相较于传统服务器，云服务器在机房、操作、安全性、可用性上有了极大提高，具体对比如表 4-14 所示。

表 4-14　　云服务器与传统 IDC 对比

对比项	云服务器	传统 IDC（互联网数据中心）
机房部署	自主研发的直流电服务器，绿色机房设计，PUE（Power Usage Effectiveness，电源利用效率）值低	传统交流电服务器设计，PUE 值高
	骨干机房，出口带宽大，独享带宽	机房质量参差不齐，用户选择困难，以共享带宽为主
	BGP（Border Gateway Protocol，边界网关协议）多线机房，全国访问流畅均衡	以单线和双线为主
操作易用	内置主流的操作系统，Windows 正版激活	需要用户自备操作系统，自行安装
	可在线更换操作系统	无法在线更换操作系统，需要用户自己重装
	Web 在线管理，简单方便	没有在线管理工具，维护困难
	手机验证密码设置，安全方便	重置密码麻烦，且被破解的风险大
容灾备份	多份数据副本，单份损坏可在短时间内快速恢复	用户自行搭建，使用传统存储设备，价格高昂
	用户自定义快照	没有提供快照功能，无法做到自动故障恢复
	快速自动故障恢复	数据损坏需用户自己修复
安全可靠	有效阻止 MAC（物理地址）欺骗和 ARP（地址解析协议）攻击	很难阻止 MAC 欺骗和 ARP 攻击
	有效防止 DDoS（分布式拒绝服务）攻击，可进行流量清洗和黑洞	清洗和黑洞设备需要另外购买，其价格昂贵
	端口入侵扫描、挂马扫描、漏洞扫描等附加服务	普遍存在漏洞挂马和端口扫描等问题
灵活扩展	开通云服务器非常灵活，可以在线升级配置	服务器交付周期长
	带宽升降自由	带宽一次性购买，无法自由升降
	在线使用负载均衡，轻松扩展应用	硬件负载均衡，价格昂贵，设置也非常麻烦

续表

对比项	云服务器	传统 IDC（互联网数据中心）
节约成本	使用成本门槛低	使用成本门槛高
	无须一次性大投入	一次性投入巨大，闲置浪费严重
	按需购买，弹性付费，灵活应对业务变化	无法按需购买，必须为业务峰值满配

4.4 本章小结

本章在第3章的基础上对生鲜农产品冷链智慧溯源系统进行总体设计。首先，根据消费者与企业的需求，确定了系统的设计目标，并设计了系统的总体架构。其次，针对系统需求，明确系统的核心功能，将系统划分为三大模块，阐述每个模块的具体功能。最后，对应子系统进行相应的数据库的设计，列明部分数据属性和数据结构，为了保证溯源信息的畅通，依据现有后台云服务器进行选择与调整。

5 生鲜农产品冷链智能订单管理子系统设计与实现

5.1 智能订单管理子系统描述与分析

智能订单管理子系统包括订单信息处理和订单管理两大部分。订单信息处理为整个物流活动服务，订单信息处理既是物流作业的开端，也是整个信息流作业的起始点。订单管理对物流运作尤为重要，起着中枢神经的作用，订单管理既要保障订单处理的效率，又要保障订单履行的效率及服务质量。订单管理系统的信息化、智能化水平是决定物流企业的运营效率及服务水平的重要因素。

5.1.1 现有订单管理系统不足

目前，物流信息系统在中国物流领域中应用水平较高，但企业更偏向于使用运输管理系统、仓储管理系统等物流信息系统，而订单管理系统应用率较低。从订单管理系统功能角度来看，目前国内物流企业的订单管理系统存在功能简单、功能层次低等问题，多数订单管理系统只有简单的记录、查询和管理功能，缺少必要的控制、处理、决策、分析、交流互动等功能应用。订单管理系统可以展示入库、出库等信息，但对订单运输、仓储过程中的协同功能（如出库、拣货信息的传达，运输单位的派车计划等）考虑较少。

随着物流技术与信息技术的进步，市场竞争越发激烈，对企业物流服务的要求也不断提高。从订单管理系统现状及发展趋势的角度来看，订单管理系统应用上目前存在如下三个问题。

1. 订单管理方式落后

部分订单管理系统需要人工进行订单信息确认，筛选、追踪、完善无效订单，审核确认已到账订单等操作。例如，宝供物流全面订单管理系统在接收订单后，由统计员检查订单的送货地址、产品、数量、重量、客户签章等内容，确认订单合格后将相关信息录入或导入系统，再通过调度员进行核对，实现拼车、派车计划。相关操作没有改变人工处理订单的本质，仍然没有实现系统自动处理订单。在物流企业高工作量的情况下，手动录入订单、人工审核等方式极大地影响了工作效率，导致物流服务周期延长，客户满意度降低。

2. 订单信息割裂

大多企业采用运输管理系统或仓储管理系统的订单模块功能，而非订单管理系统，难以完全覆盖物流企业订单管理流程及满足其基本功能需求，独立分布式的数据库设计及订单功能流程的分离导致整体业务上的订单信息割裂。仓储管理系统、运输管理系统设计上只考虑了仓储、运输的订单处理流程，使得订单流程缺乏协同功能且较为分散，在实际操作中，仓储、运输业务的订单信息存储在各自系统数据库且彼此独立，导致了订单信息割裂。例如，Infor WMS（仓储管理系统）对订单的处理仅限于到货通知、出货通知、移库通知等订单指令。仓储管理系统的功能设计更偏向于操作功能设计，较少考虑订单层面的功能应用，如订单状态跟踪、订单信息的协同等需求在仓储管理系统中的应用较弱。

3. 订单异常处理能力缺乏

大多数订单管理系统难以及时发现并处理订单作业中的异常风险，对异常风险预警能力弱。现有系统难以集成整合订单的所有操作状态，不能实现对订单履行中产生的问题及风险进行监控与预警的及时反应，仅在订单发生异常较长时间后再进行反馈。因此，订单管理系统应建立更为全面的异常预警功能，及时发现并处理订单作业中的异常风险，及时规避操作异常、事故、货损、丢货等作业风险，减少经济损失，提升运作效率、提高服务质量与客户满意度。

5.1.2　智能订单管理技术

目前，物流信息系统得到了较快的发展，订单管理系统、仓储管理系统、运输管理系统等物流系统与物流技术正逐步在物流企业中投入使用。这些技术的运用提高了物流运作效率，但订单管理系统还存在订单信息割裂、订单异常处理能力缺乏等问题，仍有待进一步完善。

1. 订单信息整合与交互

订单管理系统需要将物流信息系统及企业信息系统深度集成整合，解决订单信息割裂的问题，需要整合物流信息系统及企业信息系统，实现订单信息的高度共享；实时反馈信息，实现全面的订单管理。订单管理模块能够采集内外部信息，完成对订单全生命周期的管理和追踪。

（1）采集外部信息。

供应商、零售商、物流企业等在其各自的应用系统之间利用 EDI（电子数据交换）技术，通过公共 EDI 网络，自动交换和处理商业单证。将订单的已发货/未发货、已入库/已出库、未到货/未出库等状态通过 EDI 系统发送至接收方信箱，再翻译至订单管理系统展示在管理面板上。

（2）采集内部信息。

订单内部信息包括库存状态、运输状态等。库存状态及运输状态信息来自智能数据监测子系统。智能数据监测子系统采集的信息通过 API（应用程序接口）直接通信实现数据共享。共享信息之后，订单内部信息根据系统操作自动更新，有利于各节点企业随时掌握订单即时状态。

2. 订单异常预警及处理

订单异常基本存在两种情况：第一，供应商发现产品问题，通知物流企业召回，这类订单由供应商发起需求，通常物流企业要配合业务退回，并会产生相关费用；第二，物流运输中操作不当导致生鲜农产品损坏变质，这类订单由物流企业进行协商并调整物流设备、保温设备。当订单产品所处环境的温湿度发生连续变化时，系统将会发出信号及短信提醒订单负责人。

（1）订单异常预警。

订单系统信息来自数据监测模块。仓储管理系统、运输管理系统信息使用 RFID 标签进行持续跟踪，且仓储运输环境中的温湿度变化是一个连续、数据密集型且动态变化的过程。采用动态阈值法、BP 神经网络法以及综合评估法，将预测的温湿度与最近相邻的历史温湿度数据对比，根据生鲜农产品温湿度标准建立评估规则库。通过对比温湿度信息与规则库的相关规则，产生智能决策，最后得出恰当的温湿度预警发送时机。

（2）订单异常通知。

将阿里云短信发送 API-JAVA SDK 接入系统，根据用户属性来创建符合自身属性的签名信息。相关企业上传资质证明，通过审核后，设置短信模板，即具体发送的短信内容。系统可以通过改变变量来实现具体订单信息通知。

订单是整个生鲜冷链信息的载体，订单从供应商开始，物流企业进行中转，到分销商结束，在订单流转过程中信息被记录。其中，供应商与分销商均可成为物流企业的客户。对订单流转过程进行分析，以物流企业的客户（供应商、分销商）、物流企业为出发点，对智能订单管理子系统进行功能分析，实现系统合理化。

5.1.3 系统功能需求分析

在生鲜农产品冷链智慧溯源系统中，智能订单管理子系统的用户分为物流企业的客户和物流企业两大类。

对物流企业的客户而言，可通过 EDI 系统向物流企业发送物流需求，在此过程中通过智能订单管理子系统录入订单基本信息、运输要求等信息，订单由此生成。另外，当物流企业的客户发现产品质量问题时，可以通过系统发送召回通知，降低损失等，如图 5-1 所示。除此之外，物流企业的客户可以通过系统确认收货，完成订单。

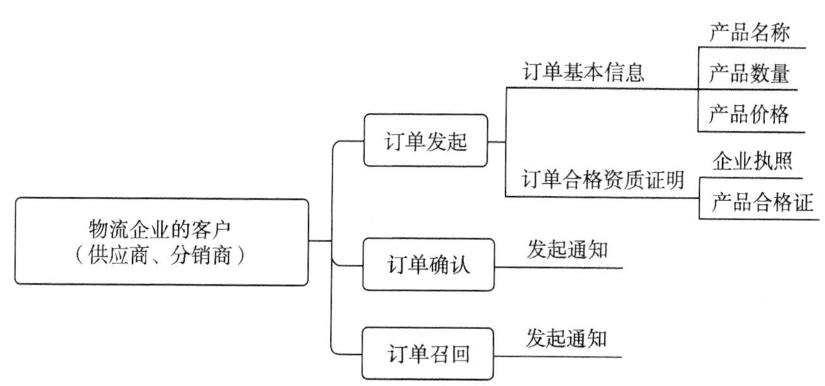

图 5-1 物流企业的客户需求分析

对物流企业而言，需要通过系统随时随地了解所负责的订单基本信息，还可以通过系统管理订单的出入库、运输等物流过程，其中包括时间安排、人员安排等。当智能数据监测子系统反馈数据被判定异常时，智能订单管理子系统需要迅速提醒用户处理，降低风险。若订单配送等过程出现意外，需要有召回功能，快速响应，避免不必要的损失。物流企业需求分析如图 5-2 所示。

因此，智能订单管理子系统基于用户的需求需要实现以下五个功能。

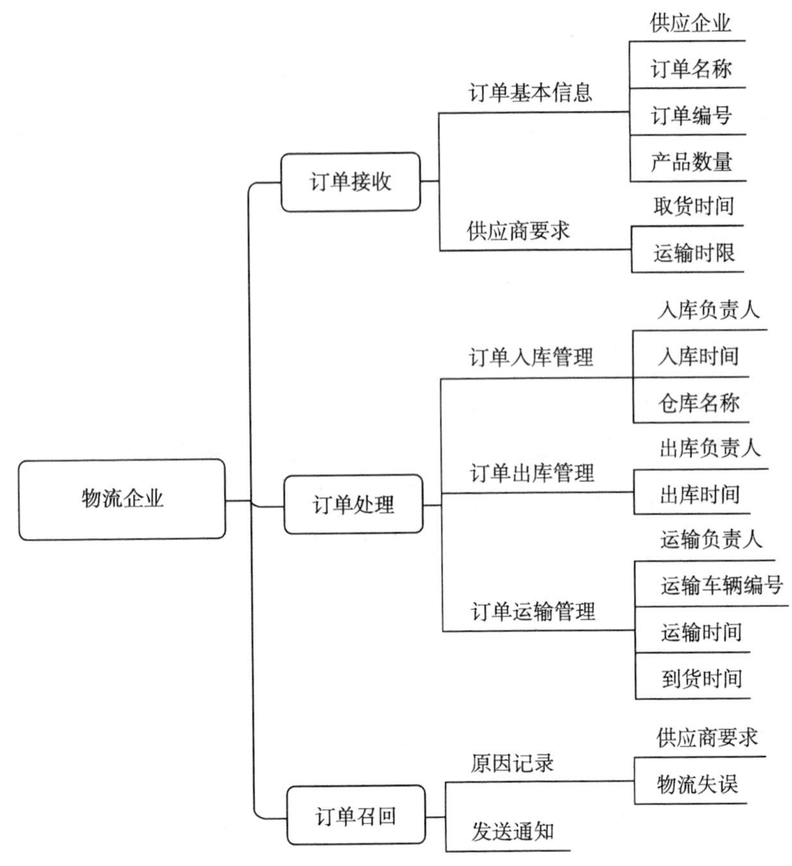

图 5-2　物流企业需求分析

1. 订单的接收

系统可实现单次或批量订单接收，可查询历史订单及订单的执行情况，当实际物流信息变化时系统信息随之变化。用户登录后，在订单目录中可以看到自己负责的订单基本信息，包括订单名称、金额等信息。用户对订单进行确认操作后能刷新订单。在订单运输、仓储过程中刷新订单信息可以看到订单的运输路线、各项物流活动的负责人等信息。

2. 订单核对与更新

在初步录入订单后，物流企业的客户需要对订单内的商品数量、运输方式、运费信息、装卸搬运负责人、集装负责人、包装负责人等信息进行核对，如有不当之处可以联系物流企业及时修改订单。

3. 管理人员的调度

物流企业管理人员通过智能订单管理子系统可以调整出库、入库、运输等物流作业的负责人，以此提高物流运转效率。

4. 订单的召回

智能订单管理子系统与智能数据监测子系统相连接，当监测到的数据显示异常时，订单管理子系统发出预警及提示。管理人员接收信息后可以通过系统发出召回命令。当物流企业的客户发现质量问题时，可通知物流企业紧急召回订单。

5. 信息管理

智能订单管理子系统的信息管理模块主要包括数据备份、数据恢复、权限设置等功能。系统管理员可通过这些功能对系统进行维护，例如备份数据库、增加或删除系统用户等。

5.2 智能订单管理子系统设计

5.2.1 智能订单管理子系统框架设计

1. 智能订单管理子系统应用框架设计

订单管理系统是采用 B/S（浏览器/服务器模式）架构。在系统实现的过程中，系统将订单以 XML（可扩展标记语言）数据的形式进行存储与传输，提高了订单的适应性和扩展性；将底层数据信息存储在数据库中；在开发工具方面，系统的开发工具选用 Springcloud 集成开发环境，Springcloud 可视化的开发界面和便捷的操作，提高了系统的开发效率。在拓扑结构设计方面，系统基于 MVC（模型—视图—控制器）架构进行拓扑结构设计。智能订单管理子系统应用功能架构如图 5-3 所示。

（1）展示层。

展示层用于显示数据和接收用户输入的数据，数据的获取是按照用户的操作来进行的，当用户点击按钮时，即可获取表单中的数据，并传递到系统。这样不仅可以给用户提供一种交互式操作界面，还可以将订单信息呈现给用户，展示端口包括 Web 端口和 App 端口。

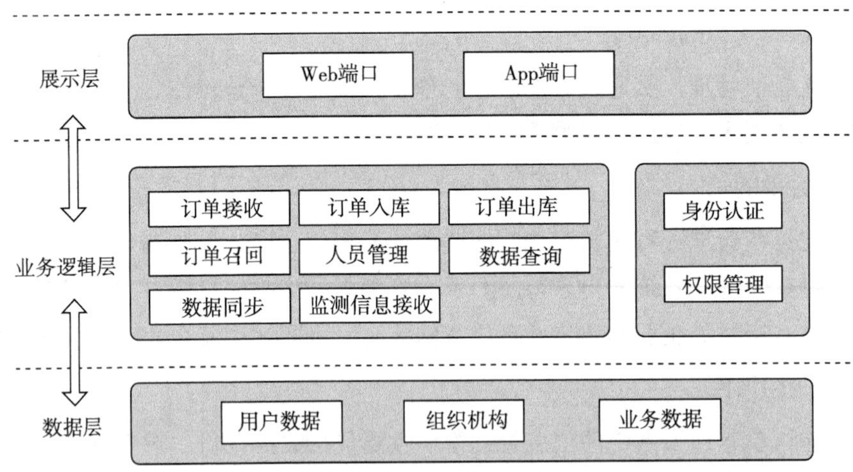

图 5-3 智能订单管理子系统应用功能架构

（2）业务逻辑层。

业务逻辑层用于定义业务逻辑（规则、工作流、数据完整性等），并接收来自展现层的数据请求；在逻辑判断后，向数据层提交请求并传递数据访问结果。业务逻辑层主要采用分布式架构，构建不同分工的单元组件。这些组件包括订单接收、订单召回、身份认证以及权限管理等。业务逻辑层的业务处理单元和日志服务单元内嵌了内存数据库作为数据访问介质，不仅可缩短数据访问所消耗的时间，还可提高访问效率。

（3）数据层。

数据层由类库文件组成，负责对数据库中的数据进行添加、删除、修改和查询等操作，并将数据传递给上层的业务逻辑层进行处理。数据层为两部分：一部分是内存数据库磁盘文件，负责将内存数据库中的业务数据做持久化存储；另一部分是磁盘数据库，主要存储一些系统设置数据。其中磁盘数据服务器仅存储和管理业务及系统数据，不负责业务逻辑处理，所以业务逻辑都在业务逻辑层被处理。

2. 智能订单管理子系统技术框架设计

前端设计由 EasyUI 实现；展示层采用 Ajax 交互联通前端 UI 和业务逻辑层，构建 API 以及 APIGateway 实现多端口切换；数据库采用 Oracle，保证数据库的稳定性，采用 RBD 备份数据库。智能订单管理子系统技术框架设计如图 5-4 所示。

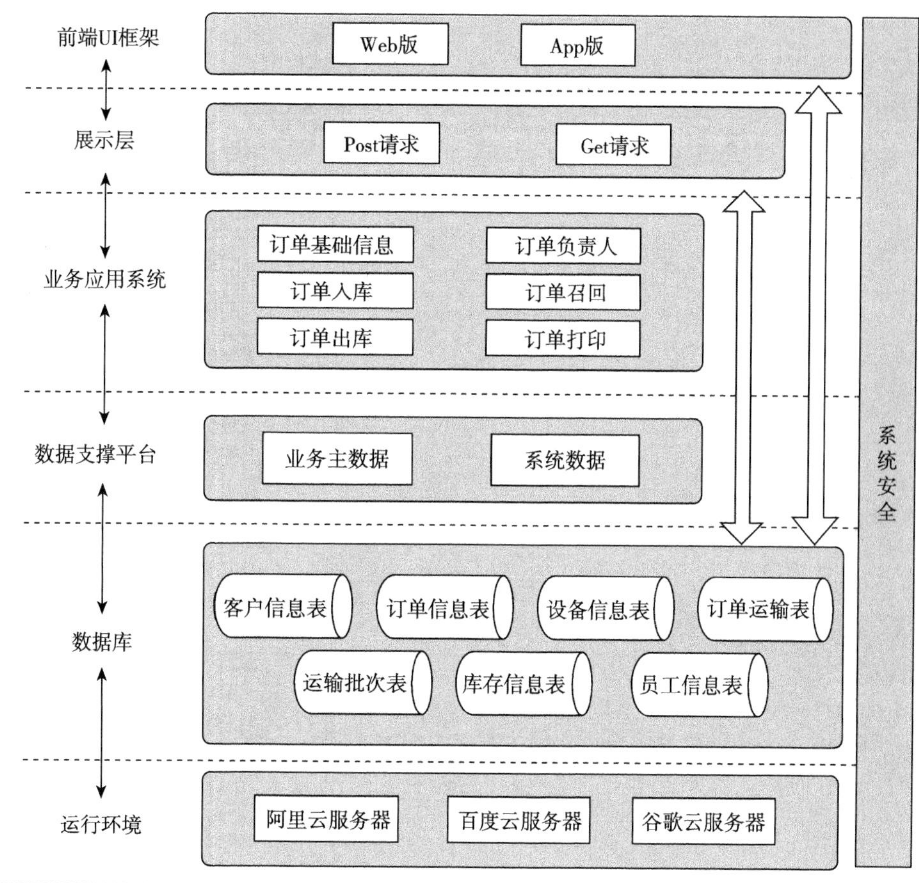

图 5-4　智能订单管理子系统技术框架设计

5.2.2　系统功能模块设计

参照行业标准，结合生鲜农产品数据监测以及可视化溯源需求，智能订单管理子系统主要功能包括系统管理、订单信息管理、订单负责人管理、订单召回、订单确认等，针对不同用户系统功能有所不同。

通过智能数据监测子系统实时显示的订单温湿度，物流企业可以判断生鲜农产品质量是否降低，若损坏可以通过订单召回，降低人力物力损失；而物流企业的客户验货盘点后可以快速确认收货，打印报表，加快企业运作流程。智能订单管理子系统业务逻辑如图 5-5 所示。

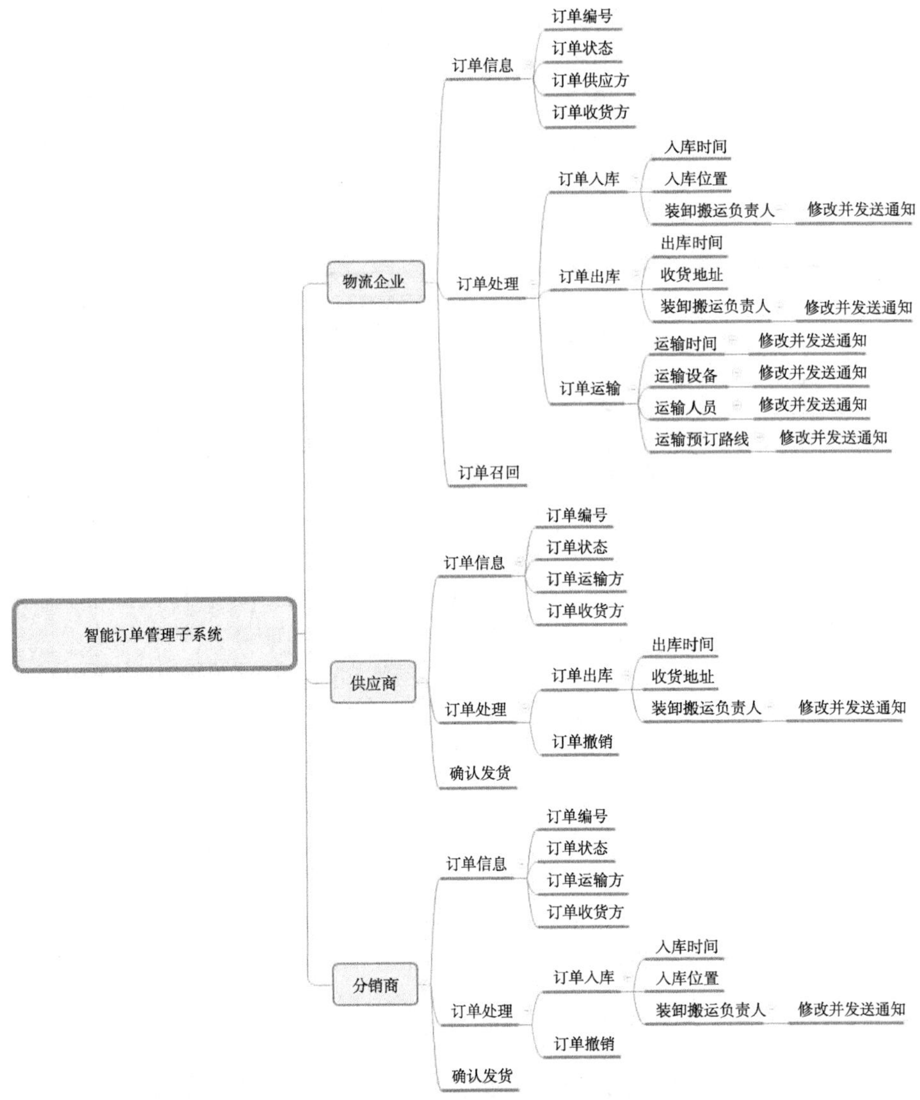

图 5-5 智能订单管理子系统业务逻辑

1. 系统管理

系统管理包括用户管理、授权管理、用户查询统计、设备管理、数据备份与恢复等，主要是对整个系统进行实时监管和维护。

（1）用户管理：对所有使用系统的用户进行管理，包括用户添加、删除、更改与查找等。用户管理模块流程如图 5-6 所示。

（2）授权管理：对所有使用系统的用户的权限进行管理，具体到每个模块的权限，以及是每个模块下某个功能的权限，除一般的用户权限添加、删除、更改功能外，还包括组合式权限设定、自定义查询级别、用户计算机MAC地址绑定等功能。

（3）用户查询统计：对系统运行用户查询信息进行统计检索，以准确的统计表格和直观的统计图形进行数据显示，帮助系统工作人员了解情况，便于管理。

（4）设备管理：对所有使用的设备进行管理，包括设备添加、删除、更改与查找等。

（5）数据备份与恢复：通过手动或自动定期方式进行数据备份，根据备份资料对数据进行恢复等。

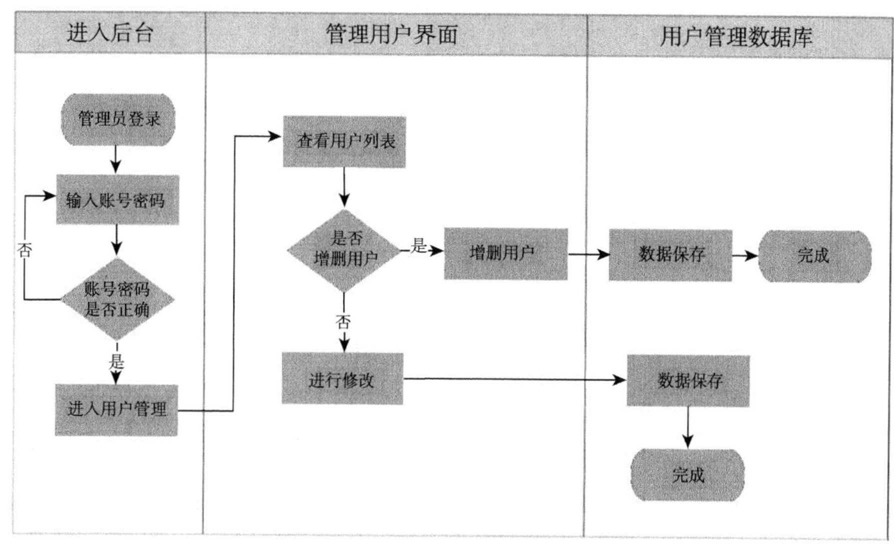

图5-6 用户管理模块流程

2. 订单入库管理

物流企业的客户将订单信息发送至物流企业。通过系统，用户可以进行一系列的操作，自动筛除无效订单，合理安排库存，加快订单流转速率。在入库过程中，可以按照需求发送通知并安排合适的工作人员。订单入库管理模块流程如图5-7所示。

3. 订单出库管理

收到发货需求后，系统将合并订单，选择订单汇总，在扫描质检后，将订单集成，降低运输成本。在出库过程中，可以按照需求选择合适的包装装卸负责人，并及时发送通知。订单出库管理模块流程如图5-8所示。

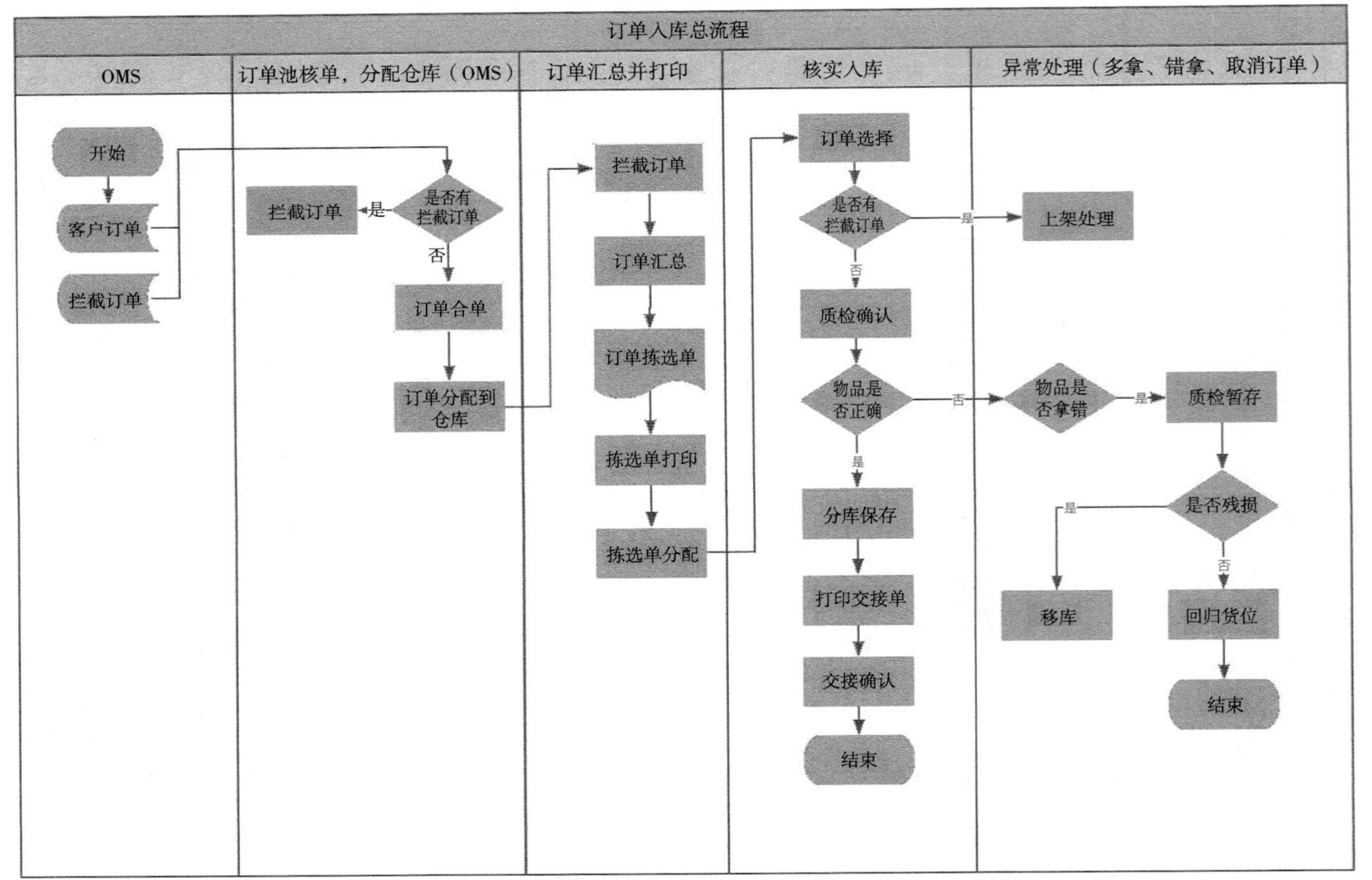

图5-7 订单入库管理模块流程

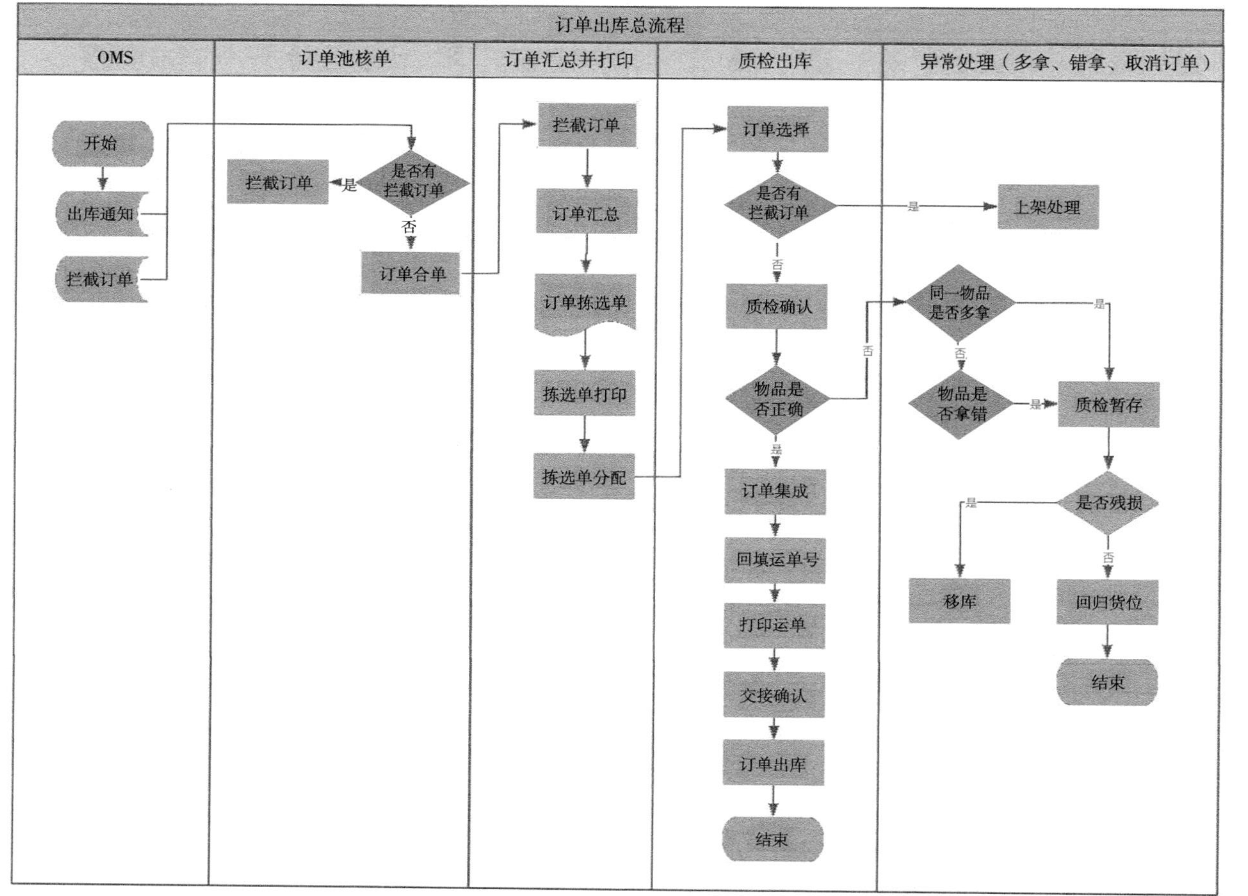

图5-8 订单出库管理模块流程

4. 订单召回及打印

智能订单管理子系统的订单召回功能与智能数据监测子系统相接，当智能数据监测子系统上传订单温湿度异常数据并超过阈值时，系统向订单负责人发出警告提示，若负责人确定召回订单，可选择打印订单召回单。

5.3 智能订单管理子系统实现

5.3.1 智能订单管理子系统简介

智能订单管理子系统有 Web 版和 Android 版。两者功能有所差别。Web 版功能更强大，Android 版更方便。

1. 智能订单管理子系统网页版简介

智能订单管理子系统网页版（即 Web 版）主要包括订单信息管理、订单出入库管理、订单召回管理等。该系统可以通过网址链接和扫码两种方式登录，具体如下所示。

网址是 https：//pro. modao. cc/app/4ksgmGl8rykLjs8eh3qxcTRJp4192gg。

网页版二维码如图 5-9 所示。

2. 系统 Android 版简介

智能订单管理子系统 Android 版主要包括订单目录、订单详情、订单预行路线等，可进行负责人调整、订单召回、订单确认等操作。该系统可以通过网址链接和扫码两种方式登录，具体如下所示。

网址是 https：//pro. modao. cc/app/tPhaTRnl5JsVxbblXjOBvMGVHGjrx8H。

Android 版二维码如图 5-10 所示。

图 5-9　网页版二维码

图 5-10　Android 版二维码

5.3.2　系统功能模块的实现

1. 网页版功能实现

点击网址进入“智源”系统，在首页选择身份信息，进入系统。系统身份选择界面如图 5-11 所示。

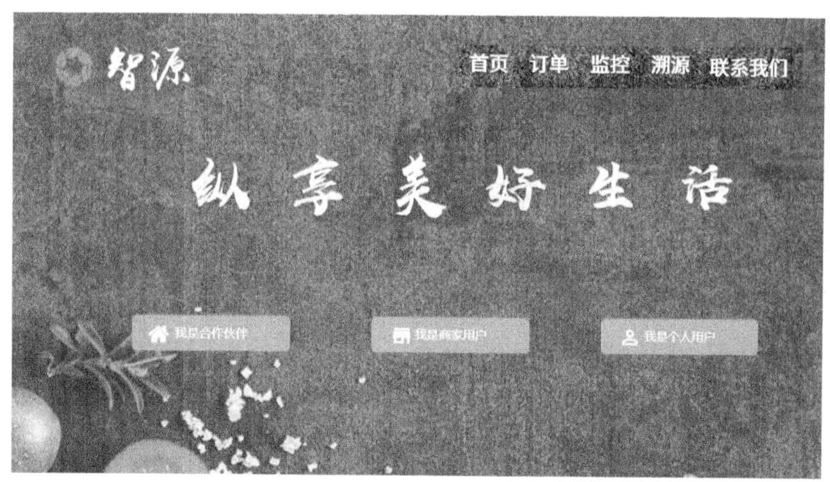

图 5-11　系统身份选择界面示意

点击“智源”系统，出现登录界面如图 5-12 所示，正确输入用户名与密码

图 5-12　智能订单管理子系统登录界面示意

后点击登录按钮便可进入智能订单管理子系统。若已下载“智源”App 可以通过扫描二维码登录。

智能订单管理子系统可以实现订单信息展示、订单出入库管理、订单召回等功能，其主界面如图 5-13 所示。在主界面中可以看到综合统计的订单操作进度、企业近一周订单吞吐量、各类生鲜农产品所占比例等信息。

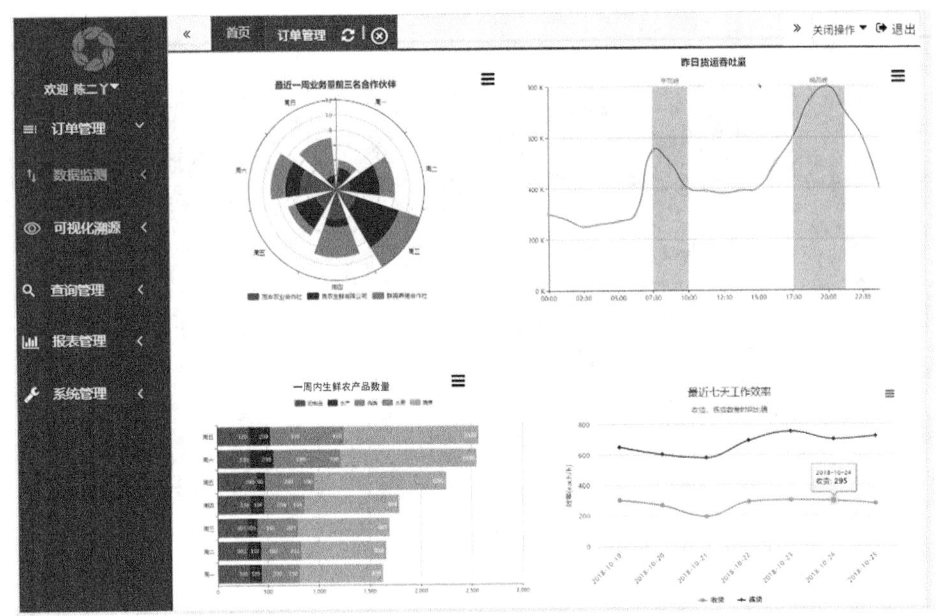

图 5-13　智能订单管理子系统主界面示意

（1）入库管理。

在入库管理中显示订单编号、入库信息负责人等信息。进入系统后默认为显示所有订单信息，可以自定义展示订单数据类别，如按类别显示（综合/冷藏蔬菜/常温蔬菜/冷冻肉类等）、按入库状态（已入库/未入库）等进行信息显示。点击订单编号，可看到订单更详细的情况。在未入库前，可以点击修改按钮，重新确定收货人员，以便于任务调度。智能订单管理子系统入库管理界面如图 5-14 所示。

点击按钮后，显示在班空闲工作人员，通过按钮选择同时发送通知。智能订单管理子系统人员安排展示界面如图 5-15 所示。

（2）出库管理。

在出库管理中显示订单编号、出库信息负责人等信息。进入系统后默认为显示所有订单信息，可以自定义展示订单数据类别，如按类别显示（综合/冷藏蔬菜/常温蔬菜/冷冻肉类等）、按出库状态（已出库/未出库）等进行信息显示。点击订单编号，可看到订单更详细的情况。在未出库前，可以点击修改按钮，重新确定收货人员，以便于任务调度。智能订单管理子系统出库管理界面如图 5-16 所示。

图 5-14　智能订单管理子系统入库管理界面示意

图 5-15　智能订单管理子系统人员安排展示界面示意

（3）订单召回。

在订单召回模块中，除基础信息外，在界面上增加了订单召回按钮。智能数据监测子系统的数据将会同步反馈至智能订单管理子系统，发生异常情况时，订单负责人可以选择召回订单，以降低损失，提高服务水平。订单召回界面如图 5-17 所示。

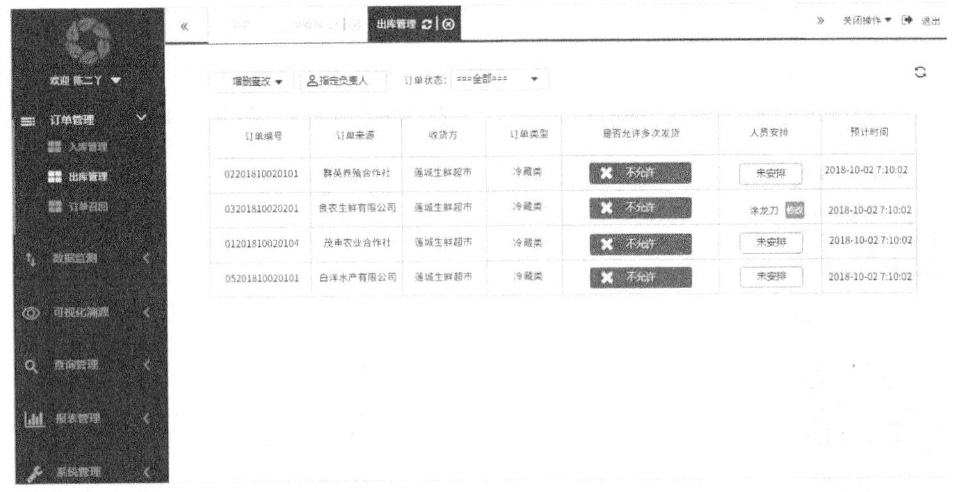

图 5-16　智能订单管理子系统出库管理界面示意

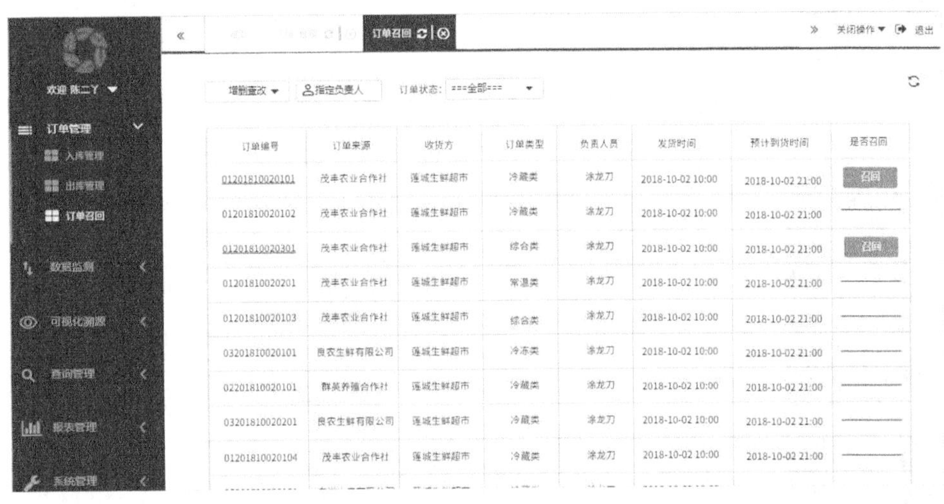

图 5-17　订单召回界面示意

2. Android 版功能实现

下载“智源”App 后，点击打开，在登录之前需要选择登录身份，以便后台系统确认权限，App 身份选择界面如图 5-18 所示。选择身份后，输入账号密码点击登录或者注册新账号，App 注册登录界面如图 5-19 所示。

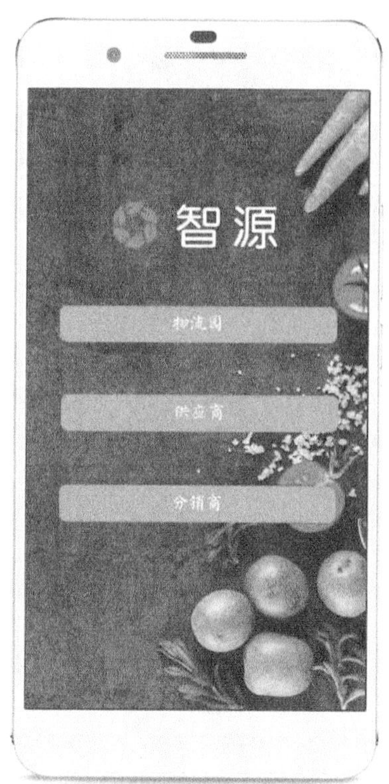

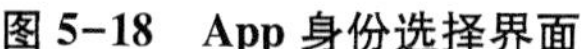
图 5-18 App 身份选择界面

图 5-19 App 注册登录界面

（1）订单目录。

通过首页下方的“订单”按钮进入订单目录。在页面中显示了订单基本信息，包括订单编号、订单名称、订单供应方、订单状态等信息。物流园订单目录界面可选择召回订单，如图 5-20 所示。分销商订单目录界面可选择确定收货，如图 5-21 所示。

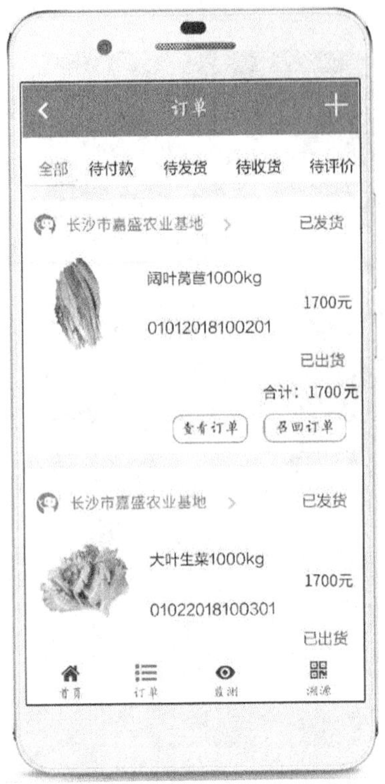

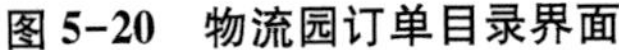
图 5-20　物流园订单目录界面

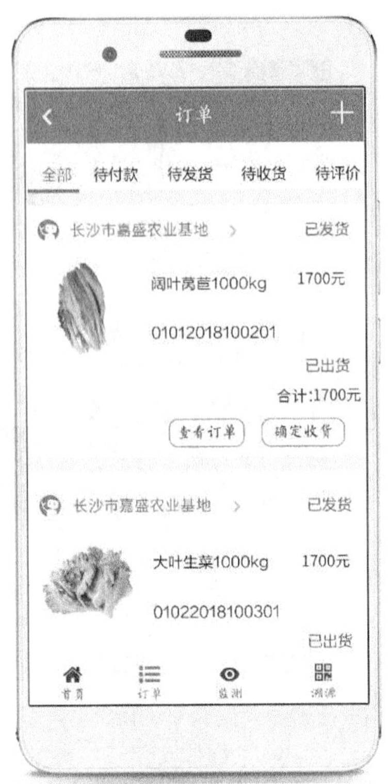

图 5-21　分销商订单目录界面

（2）订单详情。

点击查看订单按钮，打开订单详情，可以看到订单预计路线 GPS 导航图以及关键节点，如图 5-22 所示。点击详情，可以看到各节点的物流人员安排。负责人修改界面如图 5-23 所示。相对应地，点击修改按钮可以更改各部分负责人。

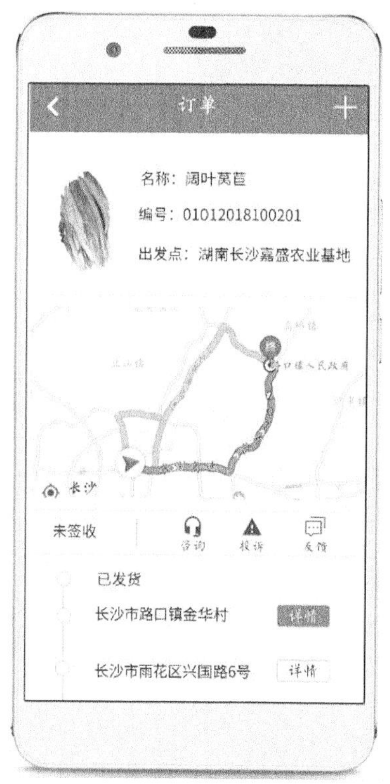

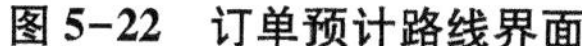
图 5-22　订单预计路线界面

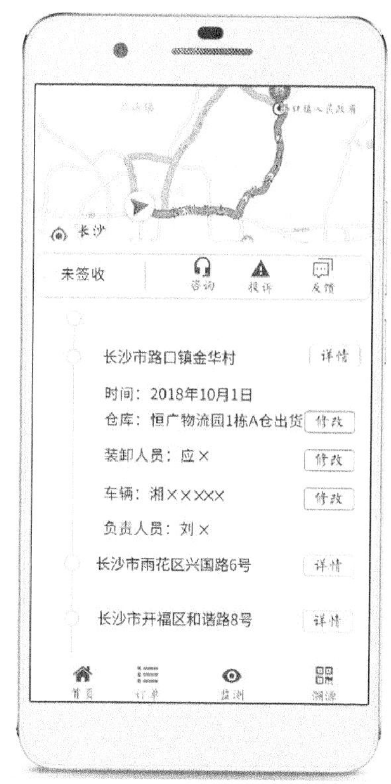

图 5-23　负责人修改界面

（3）订单召回。

当订单出现异常，如温度波动过大，系统将会发出信息提醒负责人，并在 App 页面上进行显示，提醒负责人尽快处理，如图 5-24 所示；当点击召回订单时，可以看到订单基本信息、异常原因、审核状态、货品状态等信息，并可选择连接打印机，打印召回凭证，如图 5-25 所示。

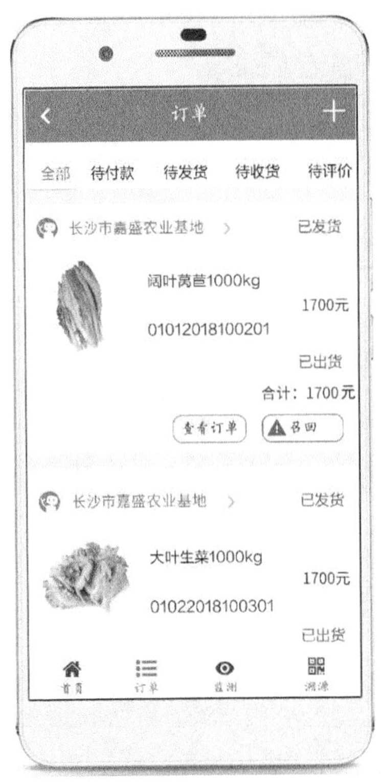

图 5-24　订单异常提醒界面

图 5-25　订单召回展示界面

5.4　本章小结

本章详细介绍了生鲜农产品冷链智慧溯源系统中的智能订单管理子系统。首先，分析了现有订单管理系统的不足主要是订单管理方式落后、订单信息割裂、订单异常处理能力缺乏。为改善订单管理系统现有功能以实现智能化订单管理，需实现订单信息的整合与交互、订单信息异常预警与处理两大功能。其次，对订单管理系统功能需求与非功能需求进行分析，确定子系统实现方向。再次，根据功能需求分析对子系统进行设计，着重介绍了智能订单管理子系统的功能模块与技术架构。通过前端需求的模块化设计，数据库部分的结构设计，实现了前后端的数据信息交互，保证了服务器数据库的结构安全。最后，通过重要模块的流程图和设计思路，介绍功能模块，组合出一套完整的系统。其中展示了每个模块的样式、结构等信息，实现了相关模块的功能要求；介绍了界面效果模块，实现了智能订单管理子系统的需求。

6　生鲜农产品冷链智能数据监测子系统设计与实现

6.1　智能数据监测子系统的描述与分析

6.1.1　现有冷链物流数据监测系统的不足

随着物联网市场的发展，为了更好地降低物流配送成本，帮助企业实现物品安全可追溯、质量可监控、订单信息可跟踪等服务功能，物流行业需要配备更多的智能监控类的硬件，并通过借助大数据、物联网等技术的运用实现冷链物流的智能化，大幅提升冷链物流配送的效率，做到对整个冷链物流配送更好地管理和把控。但根据对市场上现有的数据监测系统的统计，现有系统难以满足用户的需求，对冷链物流环节的监控、物品追溯方面有待进一步完善。

现如今车辆的管理往往采用便携式设备，数据采集相对单一，例如便携式定位设备，只能采集位置信息，对物流园所有车辆的行驶路线进行监测，无法对每个订单的运输路线以及环境信息进行监测。而便携式温湿度设备只能采集温湿度数据，并只能对某仓库或者运输车辆的物品的温湿度信息进行采集，无法获取每个订单的环境信息和位置信息。

为满足企业对每个订单的温湿度环境以及行驶路线的监测需求，数据监测系统需要使每个订单移动化（无线）、标签化、多功能化，这样监控中心可获取每一批生鲜农产品的温湿度信息和位置信息，对生鲜农产品的物流运输和仓储过程中的信息进行有效监测和管控。

6.1.2　智能数据监测技术

生鲜农产品的智能数据监测是指通过信息技术实现在仓储和运输环节中，对物流产品即时监控与全程跟踪，具体的内容为产品在仓储和运输过程中质量和地理的监控信息。生鲜农产品冷链智能数据监测子系统将会引入人工智能、大数据和云计算等许多前沿技术，能够对库中的产品进行温湿度等环境严格监视，对运输过程中产品的运输路径进行实时监控，如果出现异常情况系统会及时上传数据然后做出智能决策，并远程操作。维护物流运输的安全。智能数据监测主要用到了 5G 技术、RFID 和温湿度传感技术、GPS/GIS 集成。

1. 5G 技术

5G 技术相比 4G 技术具备高速率、大容量、低时延、高安全等特性，能够很好地解决带宽受限问题，降低监测设备在数据传输中的波动性，保障数据传输的稳定性，为环境大数据的深入发展提供了支撑。智慧化物流追溯体系从本质上讲就是利用物联网技术建立一个分布式多节点的信息共享链，因此 5G 技术就是这个信息共享链的数据流动媒介。

2. RFID 和温湿度传感技术

RFID 又被称为射频识别，根据接收到的射频信号对目标对象进行自动化识别，及时有效地完成物品追踪与数据交换工作。国内的 RFID 行业起步较晚，但是发展迅速。2006 年之前 RFID 行业还处于培育期，2015 年之后就开始处于成熟期了，将 RFID 技术结合相应的后台信息系统，能够实现对物品的定位和跟踪。物流企业的客户在采购生鲜农产品之后，将每个订单打包完成并贴上 RFID 标签，方便 RFID 阅读器识别生鲜农产品，标签中存有生鲜农产品的静态信息，如订单编号、每个产品的基本信息等，方便消费者的追溯。标签内还置有温湿度传感器，可通过无线方式将监测结果发送至附近的读写器，读写器每隔十秒钟通过无线网络将数据上传至控制中心，控制中心根据预设逻辑进行处理，例如发送报警信息等。还可将数据存储至数据中心，用于后续的数据挖掘和分析工作。

3. GPS/GIS 集成

智能数据监测子系统依托 GPS 卫星可以进行定位、收集地理信息及实现无线通信，从而实现实时地掌握具体的车辆位置和状态。4G 技术较之 3G 技术带宽变大了，并引入了多天线、多载波系统，从原理上更容易实现一些更高精度的参数估计，但在定位方面依然是有误差，而要做到 GPS 定位的高度准确离不开 5G 技术的应用，以 5G 网络为载体，GPS/GIS/5G 车载终端实现终端与中心之间的通信连接。系统收集定位信息后传至信息中心，再传给不同的车载设备，实现车辆在途温湿度异常的自动报警，每一辆冷藏车都装有 GPS 定位系统和 RFID 读写器，系统可实时监测着生鲜农产品的具体位置和温湿度，并且每隔十秒钟将生鲜农产品的位置信息和温湿度信息通过车载移动终端发送给后台服务器，存储于服务器的数据库中。

6.1.3 系统功能需求分析

智能数据监测子系统可分为温湿度监测模块和运输车辆状态监测模块，分别监测生鲜农产品在运输和仓储过程中的温湿度信息和行驶路线信息。

1. 温湿度监测模块需求分析

（1）温湿度数据的实时监测与报警。

RFID 温湿度标签可采集农产品所接触环境的温湿度信息，感应器在接收到 RFID 读写器的读取命令后，将产品的温湿度数据发送至读写器，通过无线传输技术，将数据上传至温湿度监测子系统，数据被系统进行自动处理并保存于数据库内。温湿度监测子系统对接收到的温度和湿度数据进行处理，判断生鲜农产品所处环境是否满足产品对温湿度的要求，若温度或湿度超出预定的阈值，系统会提示报警，系统管理员立即采取相应措施，改变生鲜农产品的贮藏环境。

（2）温湿度时间历程显示与回放。

温湿度监测模块能够绘制实时温度时间曲线和湿度时间曲线，使得数据更加形象直观，系统管理员通过温湿度的变化曲线，发现生鲜农产品温湿度不正常的时间段，判断其影响因素，并采取相应的措施。

2. 运输车辆状态监测模块需求分析

（1）运输车辆实时监测与报警。

GPS 可以通过 5G 网络实时地将生鲜农产品在行驶过程中的位置信息传送给运输车辆状态监测模块，系统将信息自动存储于数据库内。对于运输车辆状态监测模块而言，实现对物流车辆的精确定位是智能数据监测子系统的基本要求。车辆定位的结果需直观地显示在电子地图上，而不仅是提供经纬度数据，在管理人员对物流车辆进行监控、管理的过程中，必须能够直观地“看”到物流车辆所在的位置和运行轨迹才可有效地对生鲜农产品进行监测和管理。

（2）智能数据监测子系统可以实现轨迹回放。

智能数据监测子系统应保留物流车辆的运行数据，通过轨迹回放功能显示物流车辆在某一时间段内的运行轨迹情况，其中物流车辆运行数据的保存时间取决于系统的存储空间，系统管理员可以对其进行设置。对于物流企业的生产经营，智能数据监测子系统能够实现轨迹回放具有重要意义，又可满足以下三点需求。

第一，当车辆发生事故时，物流企业要能够通过轨迹回放功能对车辆的运行轨迹进行梳理，进行事故定位和原因分析。

第二，当司机不按照路线行驶、违反劳动纪律时，物流企业可以通过轨迹回放功能对司机的驾驶行为进行分析，确认是否存在以上问题并可提出相应的改进建议和要求。

第三，当系统同时管理的物流车辆较多时，物流公司管理员不可能实时对所有车辆进行监控，物流公司管理员可以通过轨迹回放功能对物流车辆的行驶情况进行事后分析，提高物流车辆的管理和调度效率。

6.1.4 系统非功能需求分析

为了保证系统稳定运行以及操作有效，智能数据监测子系统的非功能需求主要包括系统安全性和响应速度。

1. 系统安全性

①智能数据监测子系统要有稳定性，避免出现系统崩溃、急性的丢包、访问系统失败等状况。

②智能数据监测子系统需要对访问的权限进行限制，以阻止非法用户或者未授权操作者进入系统。

③智能数据监测子系统需要定时定期对数据进行备份管理，防止数据的丢失。

④智能数据监测子系统需要定时定期进行安全测试，之后根据其得出的结果对系统软件开展各类维护操作和拓展操作。

2. 响应速度

①系统界面的更新操作处理时间：系统界面的更新需在 10 秒的时间内完成，或显示出用户等待的界面来反映其界面响应。位置图标的更新功能在运输车辆状态监测模块中可以进行自定义选择，默认设置时间为 10 秒。

②系统中数据信息的传送时间：为了提高信息数据的传输效率，通常利用批处理的方法对传送的数据进行处理。

③系统中的响应时间：在运输车辆状态监测模块提交地理信息查询的内容之

后，系统会在 3 秒的时间内弹出相应信息界面。

6.2 智能数据监测子系统功能模块设计

6.2.1 系统架构设计

1. 系统技术架构

冷链智能数据监测子系统的技术架构分为：感知层、传输层和应用层三部分（见图 6-1）。

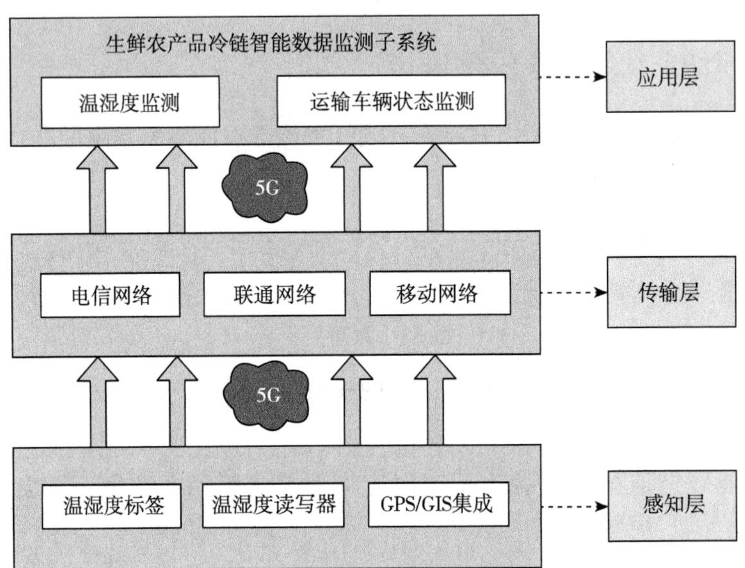

图 6-1 智能数据监测子系统技术架构

（1）感知层。

系统感知层包括温湿度标签、温湿度读写器和车载（GPS/GIS 集成）模块，通过信息过滤、信息防冲突和信息防干扰手段处理后实现信息采集和信息写入等功能。

（2）传输层。

系统的传输层利用 5G 网络将感知层采集到的信息传输至应用层，其中包括温湿度标签和车载 GPS 采集到的数据。

（3）应用层。

系统应用层包括温湿度监测模块和运输车辆状态监测模块两部分，系统分析处理感知层的数据，完成系统相应的任务。

2. 系统业务流程

智能数据监测子系统主要记录生鲜农产品在仓储和运输过程中的基本信息和实时监测的信息。生鲜农产品从供应商到物流中心的运输过程称为采集过程，在物流中心进行仓储的过程称为仓储过程，从物流中心到分销商的运输过程称为配送过程。本书以生鲜农产品从采集到仓储再到配送的流通模式为前提，对其进行信息监测，智能数据监测子系统业务流程如图 6-2 所示。

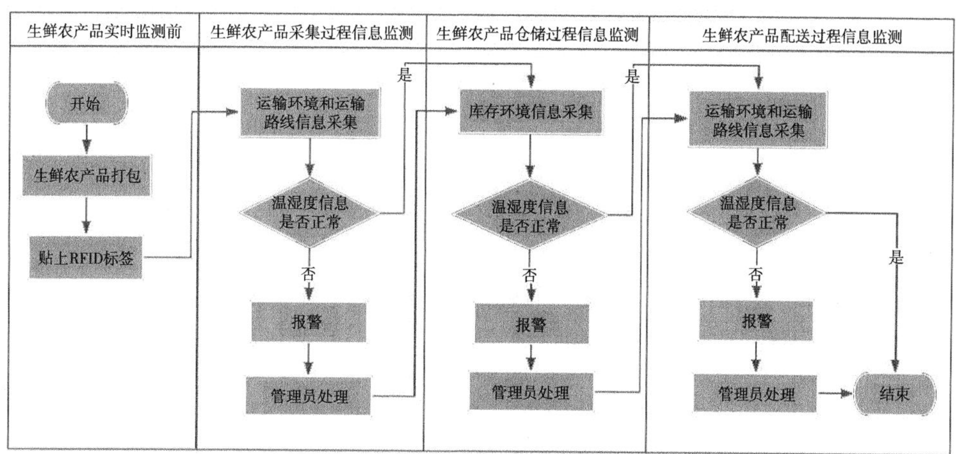

图 6-2 智能数据监测子系统业务流程

6.2.2 温湿度监测模块设计

温湿度监测模块对于温度数据和湿度数据的监测具有实时性，在数据采集的同时对数据进行监测与报警，其中温湿度标签数据的实时显示是通过控件来实现的。温湿度数据采集与监测流程如图 6-3 所示。在下发读取温湿度数据命令时，系统将设置读写器读取温湿度标签的数据，此时若系统未成功接收读写器设置成功的回复，将重新下发读取命令，直至成功接收到回复为止。读写器读取并上传温湿度信息到智能数据监测子系统，系统会对接收到的温湿度数据进行超标判断并标记判断结果，若温湿度数据超标则系统提示报警，并且对产品、冷藏设施和温湿度传感器等设施进行检查与处理；利用动态链接库中的插件，将采集到的温度、湿度数据绘制成实时温湿度曲线，从而动态显示温湿度数据的变化情况，并将温湿度曲线数据保存至数据库，至此温湿度数据采集与监测流程完成。

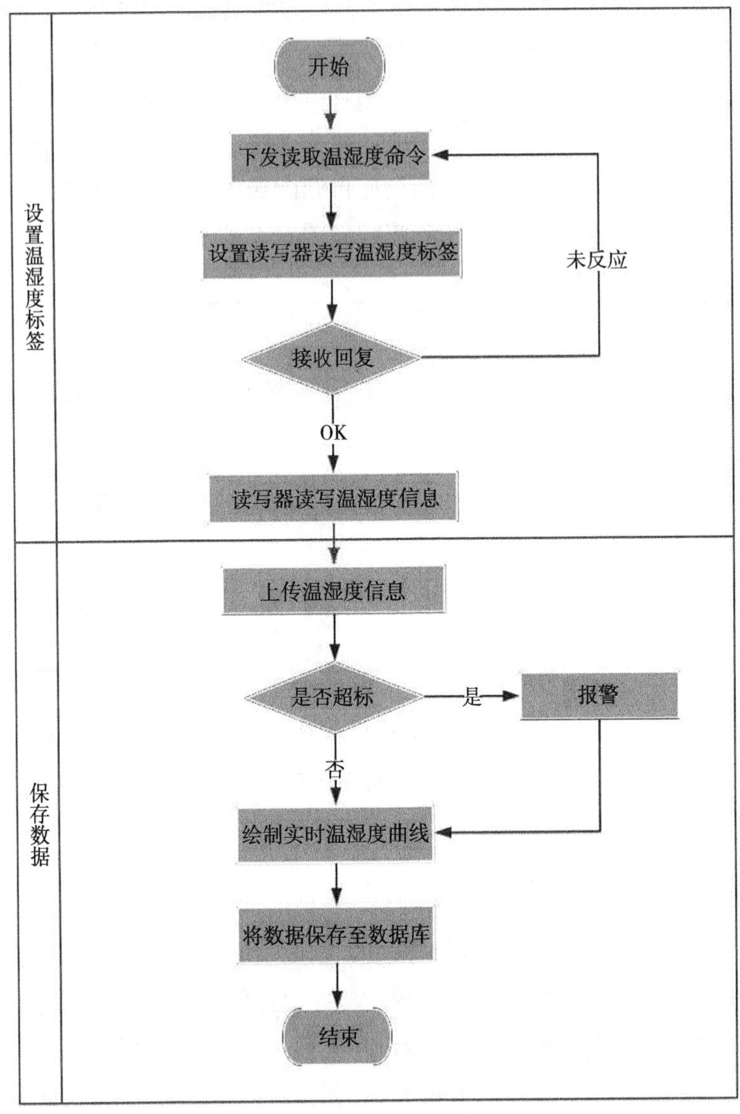

图 6-3　温湿度数据采集与监测流程

温湿度监测模块可实现对生鲜农产品的实时查询和事后温湿度时间历程的显示与回放，生鲜农产品的温湿度信息实时查询与回放流程如图 6-4 所示。每一批农产品都有温度和湿度标签与之对应，查询农产品温湿度信息时，先选择是查询以往的温湿度信息还是当前的温湿度信息，若实时查询，则可以获取当前温湿度信息；若是选择查询某一时间段的温湿度信息，则可以获取某时间段的温湿度信息。两者都可以连接数据库查找相应的信息，查找成功后将数据发送至智能数据监测子系统，再利用 DLL 动态链接库中的 ZedGraph 插件绘制温度时间曲线和湿度时间曲线。

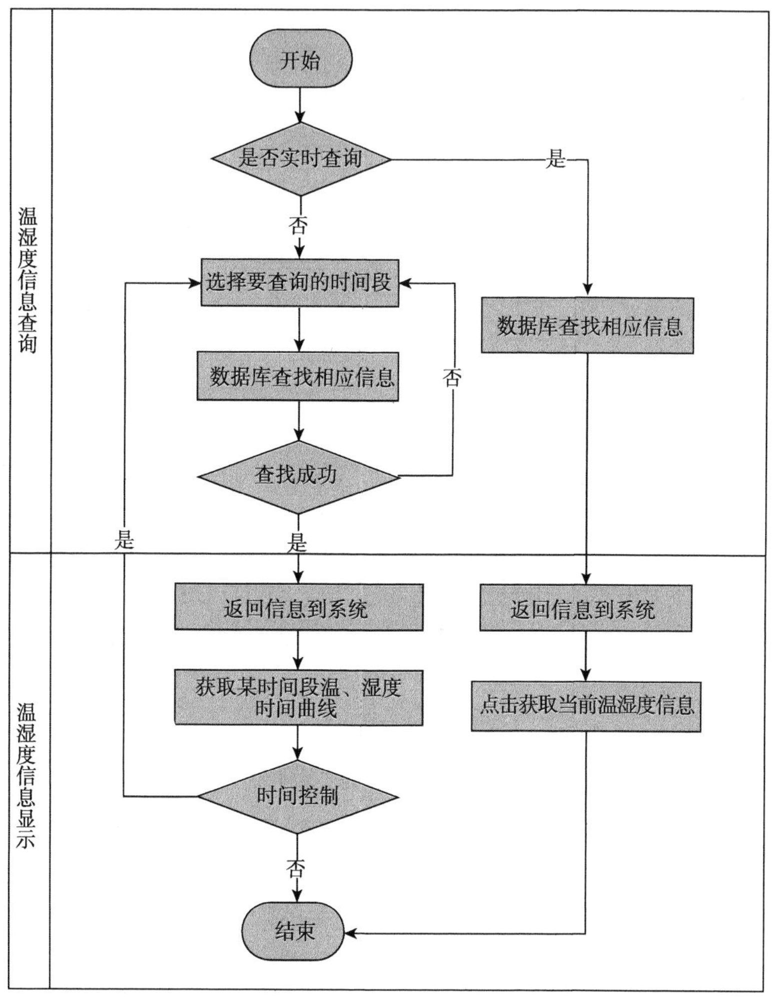

图 6-4　温湿度信息实时查询与回放流程

6.2.3 运输车辆状态监测模块设计

1. 车载终端系统架构设计

车载终端系统由三层构成：硬件平台层、操作系统层、应用软件层。硬件平台层由嵌入式主板、GPS 模块、5G 数据传输模块、其他外围模块组成。操作系统层由 Linux 内核、文件系统、设备驱动、内存管理及中间件等组成。应用软件层由 GIS 应用软件、GUI 软件、5G 数据传输处理软件等组成。应用软件层主要功能是通过 GPS 模块获取车辆定位信息，再通过 5G 模块将信息发送到用户监测中心，通信方式采用串口通信，同时支持本地地图显示。操作系统层主要功能是管理操作系统资源，为上层应用提供统一接口。硬件平台层主要功能是提供系统的车载终端硬件资源，车载终端系统架构如图 6-5 所示。

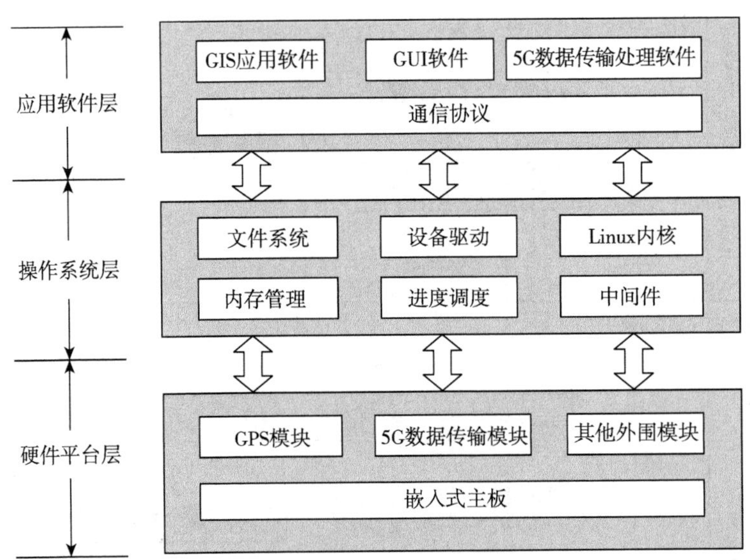

图 6-5 车载终端系统架构

2. 运输车辆状态查询

运输车辆的实时信息查询是用户想要查询运输某件生鲜农产品的车辆的当前所在位置时，可以在任何时候请求服务器，车载终端接收到通信服务器发来的指令后，便可得到车辆的位置信息，并在地图上显示，点击所在位置可以看到车内的温湿度、所在地点等信息。运输车辆历史信息查询功能为用户提供了回放运输车辆的行驶轨迹、报警信息，对于用户想要回放的车辆信息，只要向服务器输送请求，终端就会读取数据并反馈给用户，将车辆行驶轨迹直观地在地图上显示出来。运输车辆状态查询流程如图 6-6 所示。

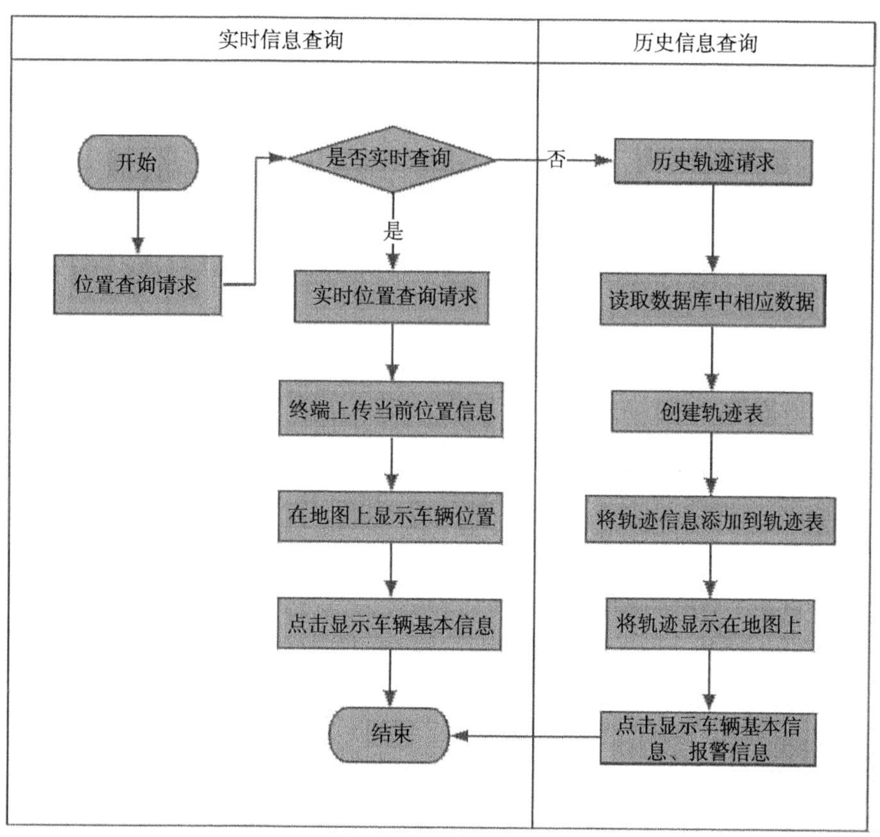

图 6-6　运输车辆状态查询流程

6.3　智能数据监测子系统功能模块实现

6.3.1　系统简介

智能数据监测子系统有 Web 版和 Android 版。两者功能差别比较大，Web 版功能和信息更全面，Android 版更清晰。在 Web 版和 Android 版中，物流园负责人、供应商、分销商看到的信息也有所区别，物流园负责人只能看到其负责的所有产品信息，供应商和分销商也只能看到它们所售产品和所购买产品的物流信息。

1. 智能数据监测子系统 Web 版简介

智能数据监测子系统 Web 版能够进入生鲜农产品在不同流通环节的监测数据界面，信息展示按“当前信息展示”“行驶轨迹回放”“温湿度曲线回放”划分，强调实时监测和历史信息的展示。

2. 智能数据监测子系统 Android 版简介

智能数据监测子系统 Android 版能够进入生鲜农产品在不同流通环节的监测数据界面，信息展示按流通环节划分，分别是“采集信息”“仓储信息”和“配送信息”，强调生鲜农产品在不同流通环节的信息展示功能。

6.3.2 系统功能模块的实现

1. Web 版功能实现

物流园负责人登录系统之后，进入数据监测界面，界面展示了其负责的所有订单，监测状态可分为“采集中”“仓储中”和“配送中”，选择某个监测状态点击订单编号跳转或直接在“全部”界面点击订单编号可进入其生鲜农产品实时监测的界面。数据监测界面如图 6-7 所示。

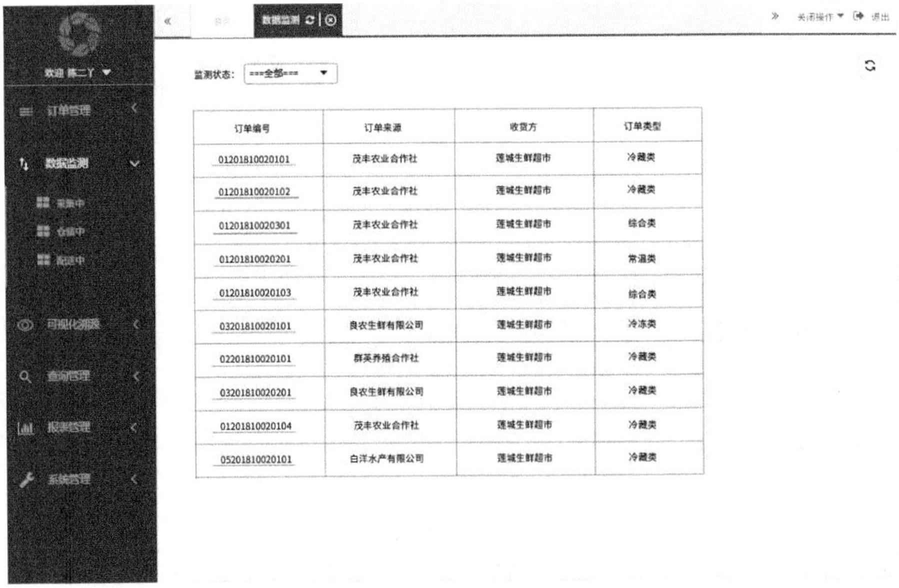
数据监测
关闭操作
退出
订单管理
数据监测
采集中
仓储中
配送中
可视化溯源
查询管理
报表管理
系统管理
监测状态:
===全部===
订单编号
订单来源
收货方
订单类型
01201810020101
茂丰农业合作社
莲城生鲜超市
冷藏类
01201810020102
茂丰农业合作社
莲城生鲜超市
冷藏类
01201810020301
茂丰农业合作社
莲城生鲜超市
综合类
01201810020201
茂丰农业合作社
莲城生鲜超市
常温类
01201810020103
茂丰农业合作社
莲城生鲜超市
综合类
03201810020101
良农生鲜有限公司
莲城生鲜超市
冷冻类
02201810020101
群英养殖合作社
莲城生鲜超市
冷藏类
03201810020201
良农生鲜有限公司
莲城生鲜超市
冷藏类
01201810020104
茂丰农业合作社
莲城生鲜超市
冷藏类
05201810020101
白洋水产有限公司
莲城生鲜超市
冷藏类

图 6-7 数据监测界面示意

点击进入一个正在仓储的生鲜农产品数据监测界面，点击“恒广国际物流园”区域，会显示系统监测到的“仓库位置”“入库时间”“温度”“湿度”等信息，实现正在仓储中的生鲜农产品的实时信息查询（见图 6-8）。

当温湿度超出阈值，会发出报警信息，通知随车驾驶员和系统管理员作出相应调整。仓储中的生鲜农产品实时报警界面如图 6-9 所示。

点击系统界面右侧的箭头使其展开，可以获取开始仓储的时间以及从开始仓储时间到现在系统的报警次数，点击感叹号使其展开，弹出报警详情对话框，显示“报警时间”“温度”“确认报警”等信息，实现对报警信息的统计管理和历史查询。仓储中的生鲜农产品监测信息展开界面如图 6-10 所示。仓储中的生鲜农产品报警详情界面如图 6-11 所示。

图 6-12 和图 6-13 展示的是仓储中的生鲜农产品的行驶轨迹回放，从湖南长沙嘉盛农业基地到恒广国际物流园的采集路线，鼠标的滑动可以使地图放大和缩小，点击路线上的某个定点，出现当时系统所监测的“温度”“湿度”“地理位置”等信息，实现对车辆行驶轨迹的回放和行驶信息的查询。

点击系统界面右侧的箭头使其展开，可以获取开始采集的时间和结束采集的时间，以及行驶的“里程”“驾驶时长”“停车时长”“报警次数”，点击感叹号使其展开，显示了“报警时间”“温度”“湿度”“确认报警”等信息，报警内容都是“温度过高”，实现对报警信息的统计和管理。仓储中的生鲜农产品行驶信息展开界面如图 6-14 所示。仓储中的生鲜农产品行驶信息报警详情界面如图 6-15 所示。

生鲜农产品的温湿度曲线回放需要输入查询的时间段，点击“查询”按钮，即可显示“温湿度变动表”和“温湿度曲线”，若温湿度未超出规定范围则显示正常（见图 6-16）。

当查询的生鲜农产品正在采集时，其当前信息和行驶轨迹是一致的，点击车辆定位地点，可查询当前车辆行驶的状态，该车辆行驶状态为正常（见图 6-17 和图 6-18）。

点击系统界面右侧的箭头使其展开，可获取生鲜农产品开始采集时间和报警次数，方便系统管理员对行驶车辆和驾驶员进行管理（见图 6-19）。

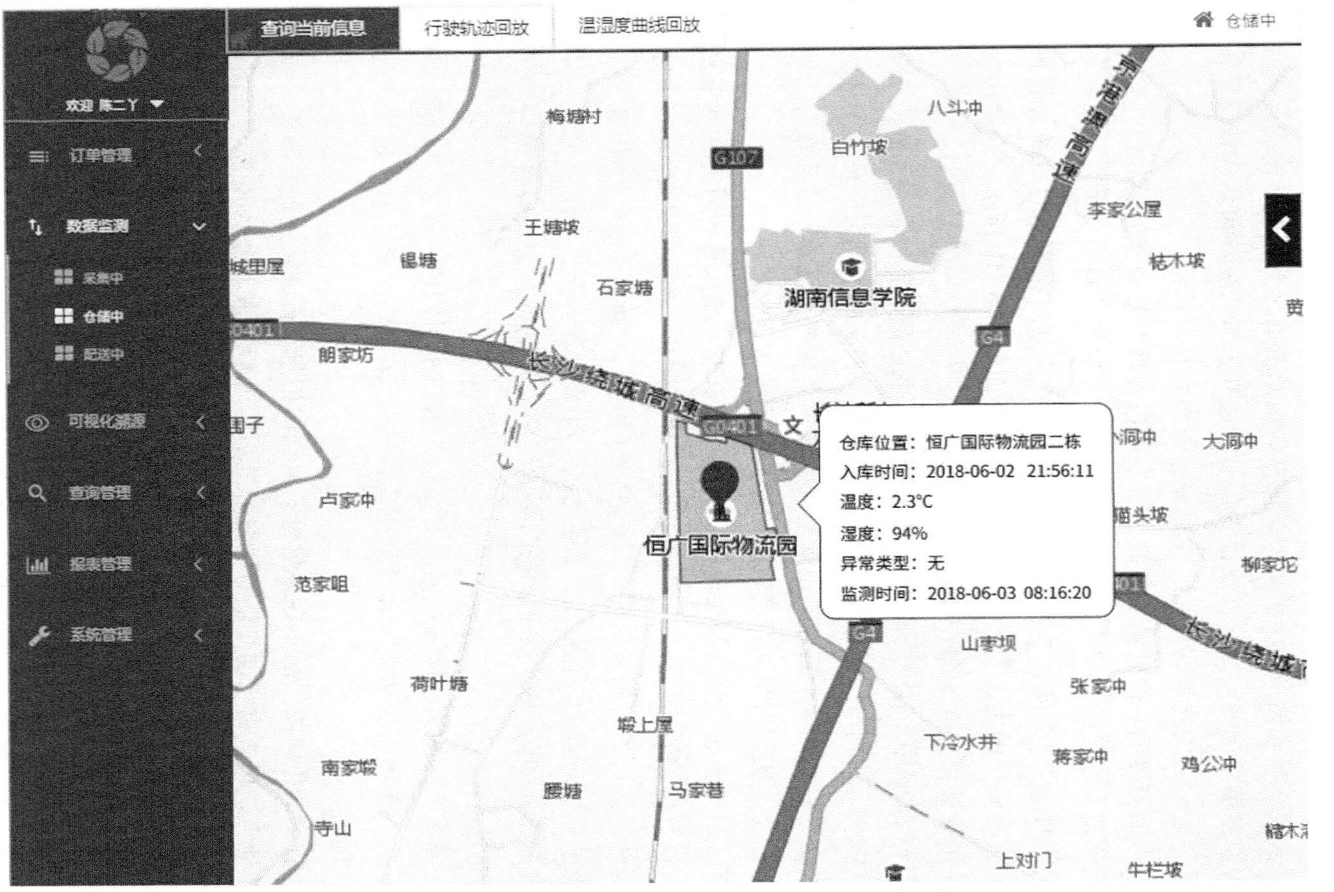

图6-8 仓储中的生鲜农产品信息界面示意

图6–9　仓储中的生鲜农产品实时报警界面示意

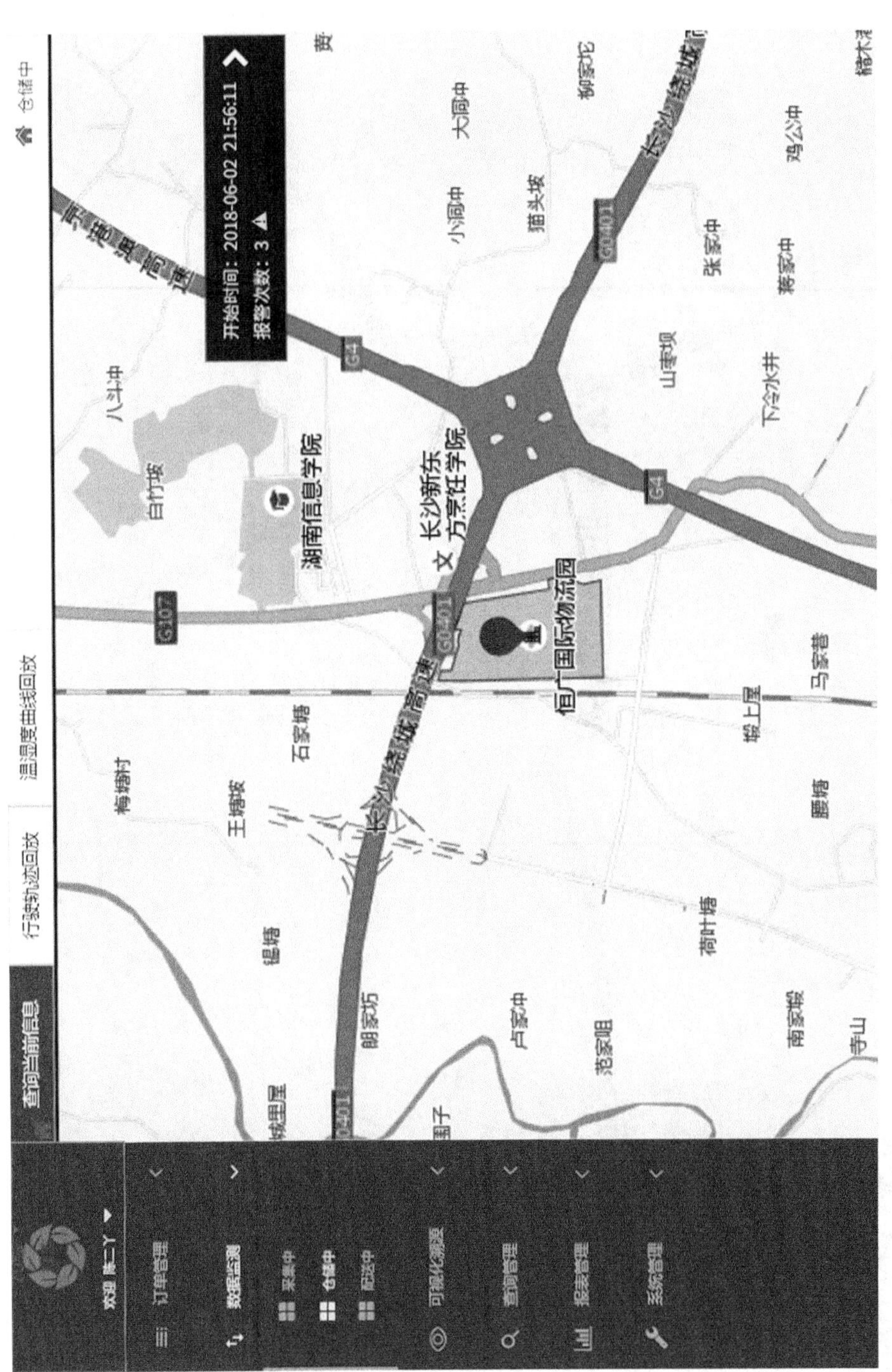

图6-10 仓储中的生鲜农产品监测信息展开界面示意

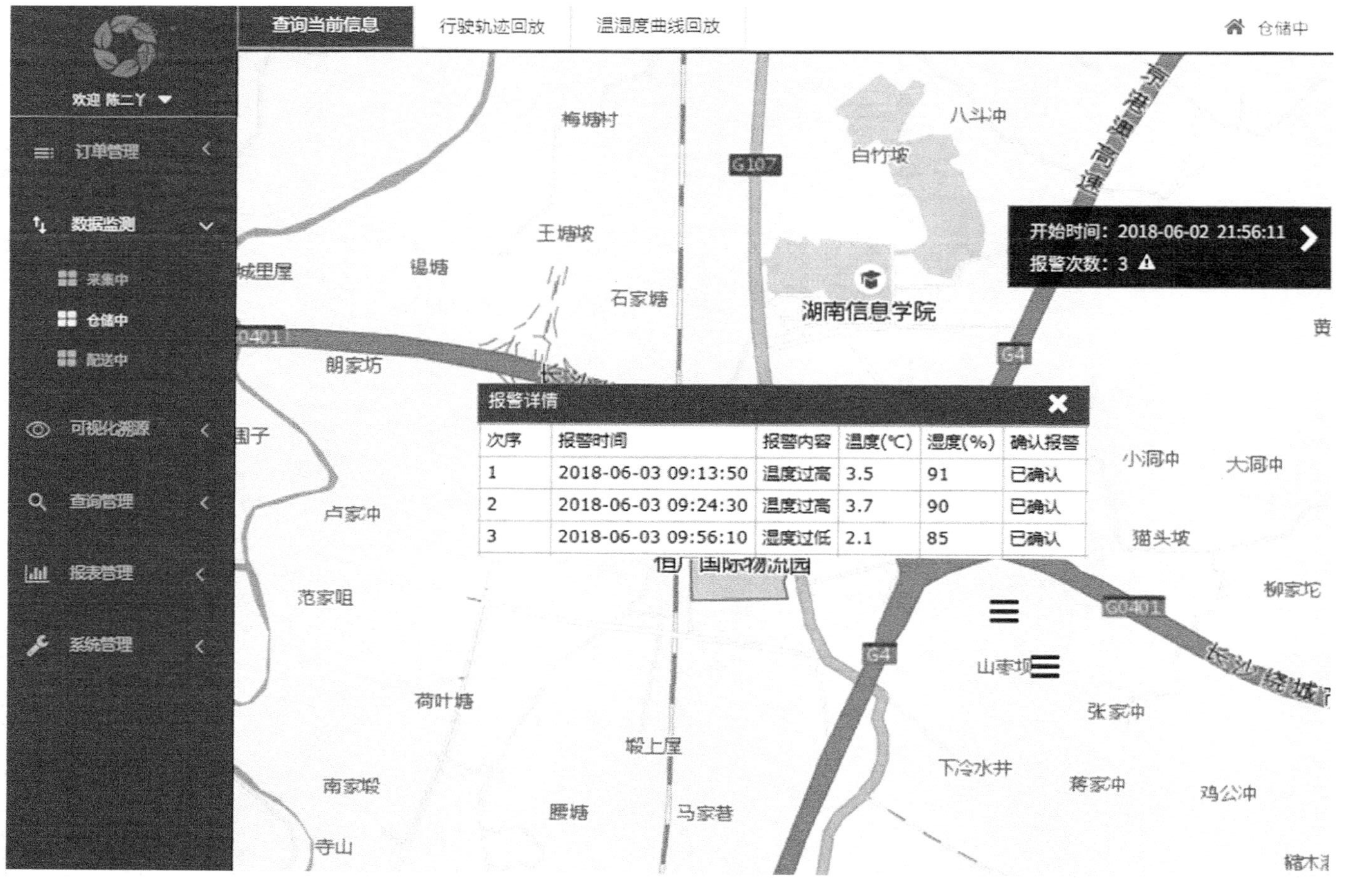

图6-11　仓储中的生鲜农产品报警详情界面示意

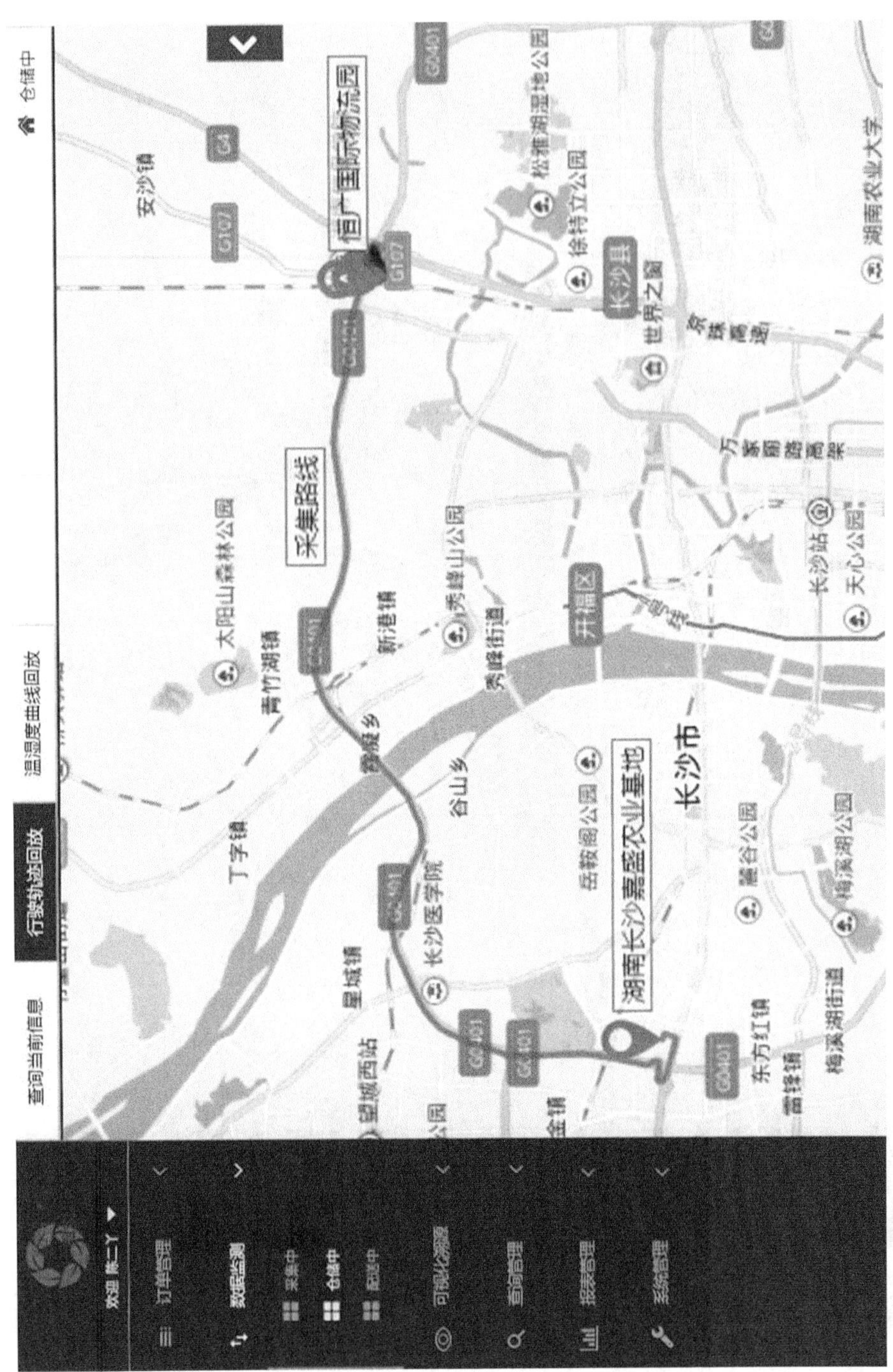

图6-12 仓储中的生鲜农产品行驶轨迹界面示意

图6–13 仓储中的生鲜农产品行驶信息回放界面示意

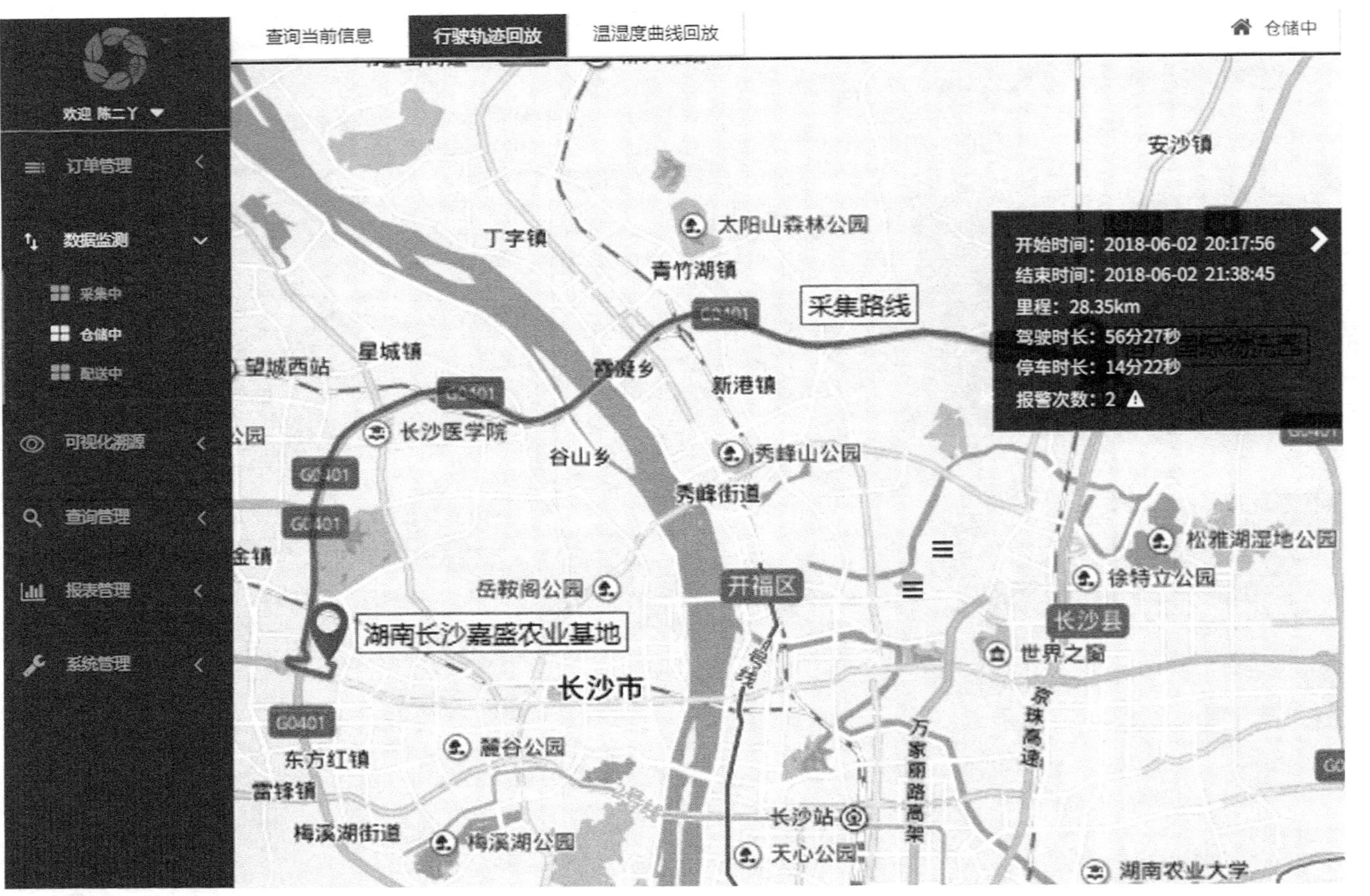

图6–14 仓储中的生鲜农产品行驶信息展开界面示意

图6-15　仓储中的生鲜农产品行驶信息报警详情界面示意

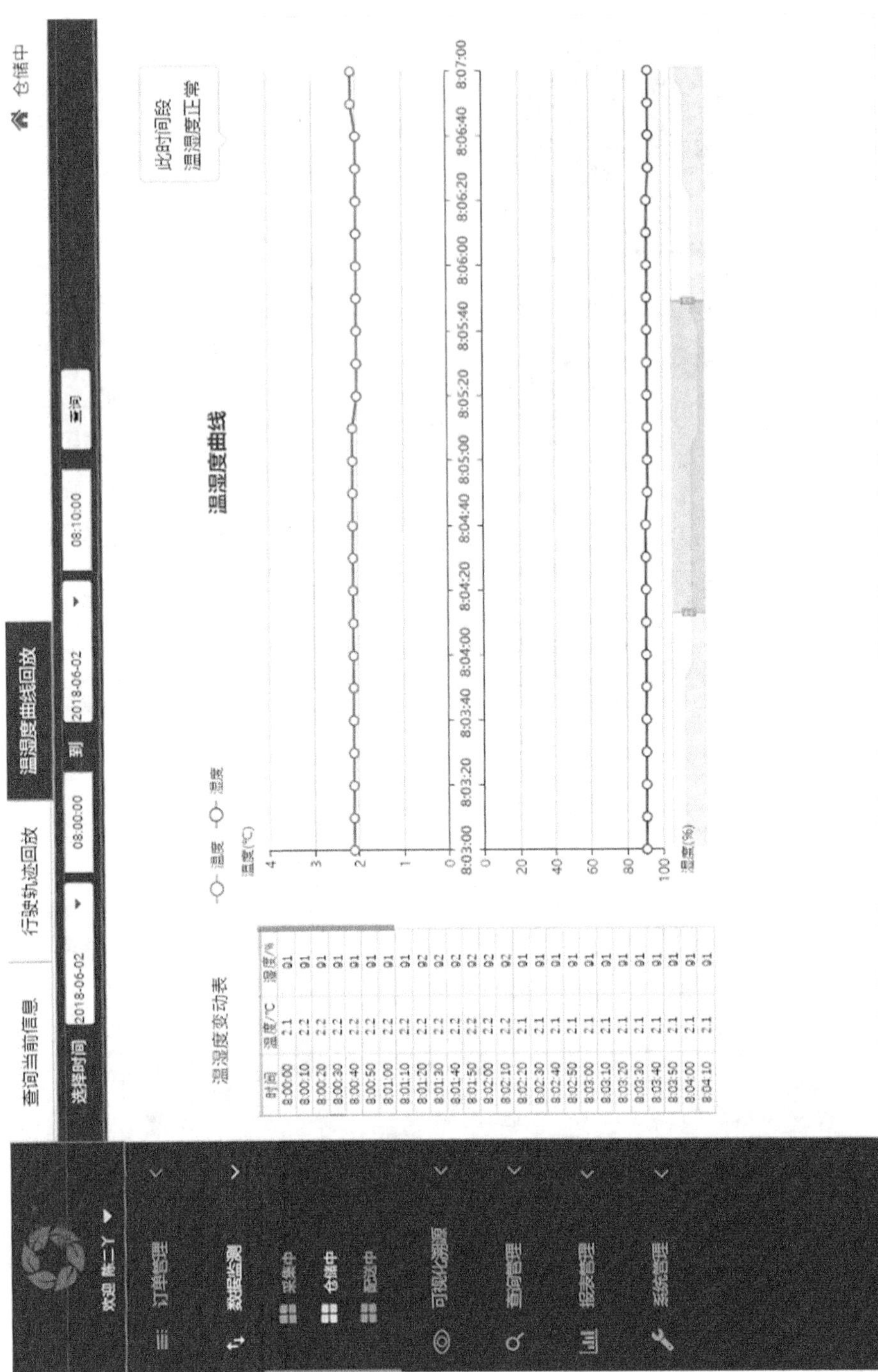

图6-16　仓储中的生鲜农产品温湿度曲线回放查询展示界面示意

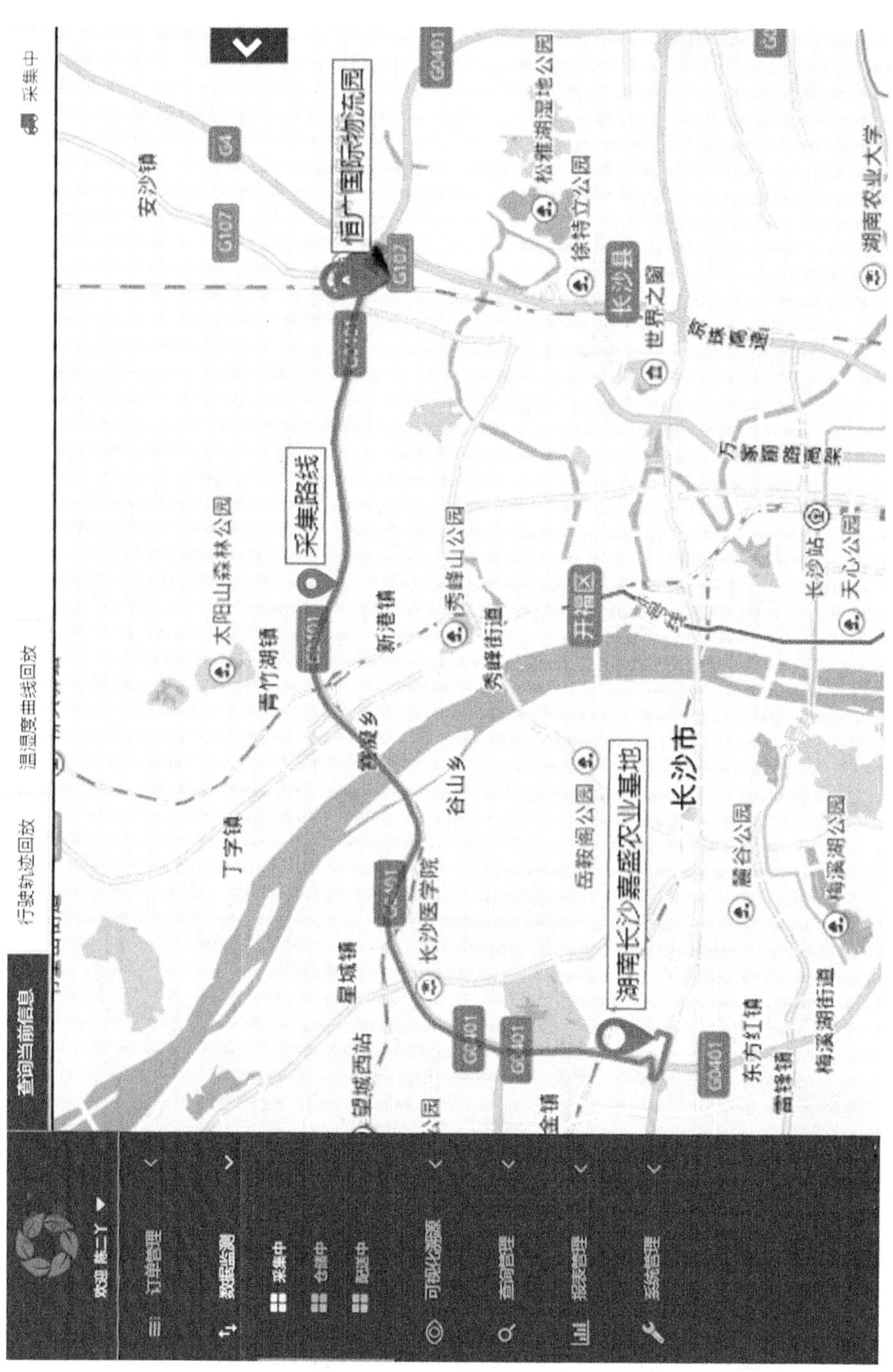

图6-17 采集中的生鲜农产品行驶轨迹界面示意

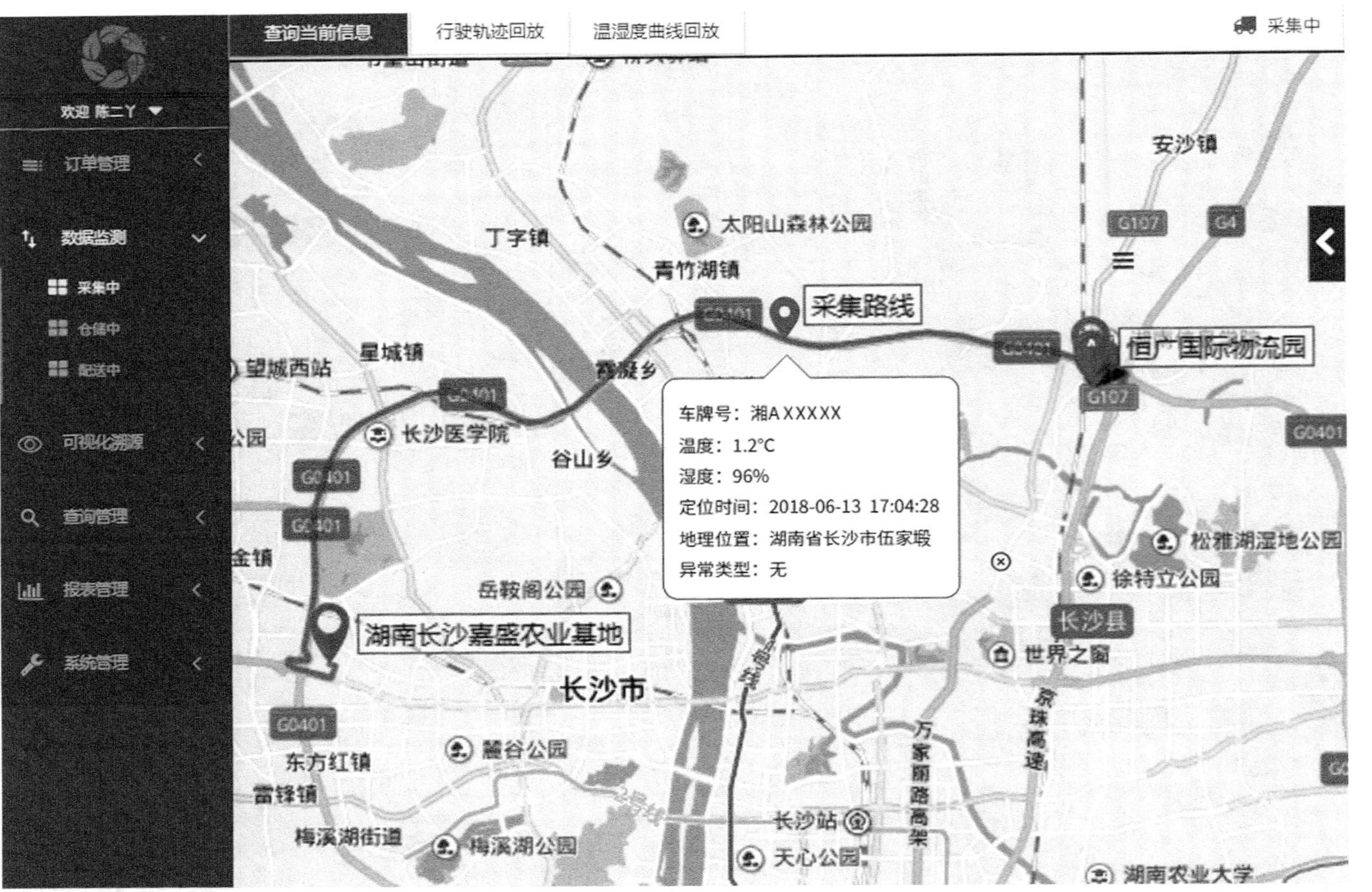

图6–18 采集中的生鲜农产品行驶信息界面示意

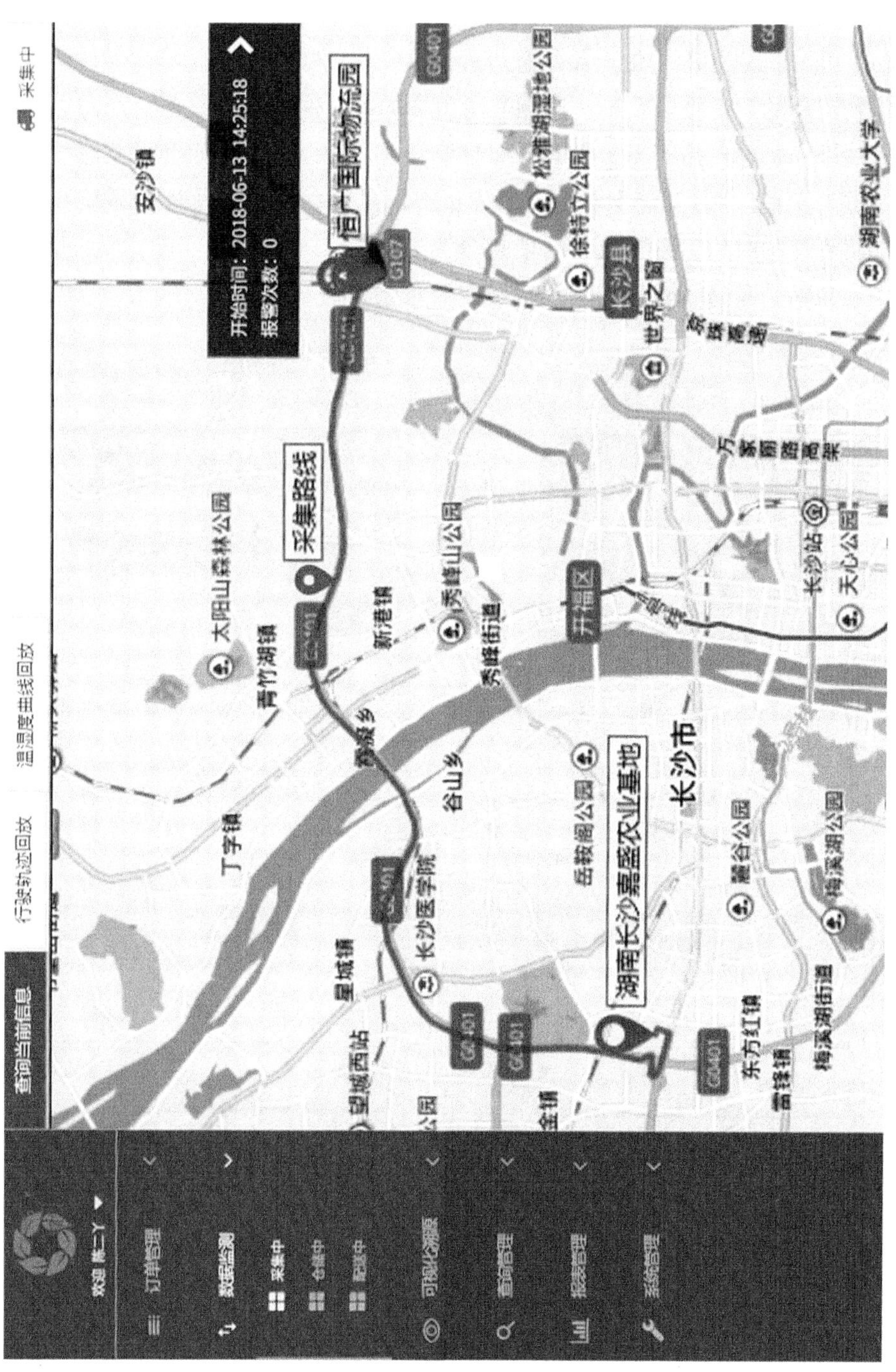

图6-19 采集中的生鲜农产品行驶信息展开界面示意

2. 手机 App 功能实现

（1）正在配送过程中的产品信息界面。

以物流园的身份登录系统，监测其所负责的每一件产品的数据，产品以列表的形式展开，每种产品都显示了其名称与编号（见图 6-20）。如选择监测生鲜农产品“阔叶莴苣”，可知该生鲜农产品为正在配送的状态，以及行程系统自动预计的即将到达的时间，主要展示的信息分为“采集”“仓储”“配送”三部分，采集信息包括“运输环境”和“运输路线”（见图 6-21）。

图 6-20　智能数据监测子系统接口

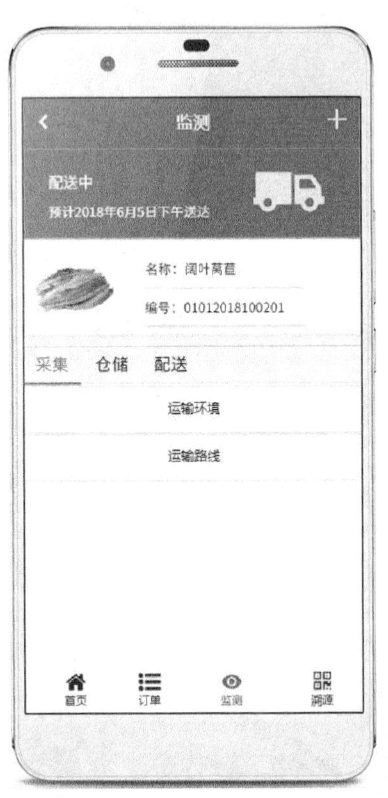

图 6-21　智能数据监测子系统阔叶莴苣采集信息界面

仓储信息包括“仓管信息”和“库存环境”（见图 6-22）；配送信息包括“运输环境”和“运输定位”（见图 6-23）。

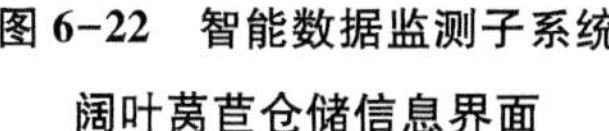
图 6-22 智能数据监测子系统阔叶莴苣仓储信息界面

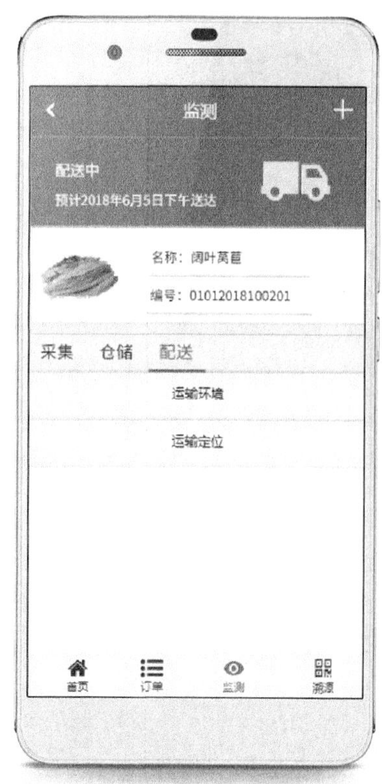

图 6-23 智能数据监测子系统阔叶莴苣配送信息界面

智能数据监测子系统阔叶莴苣采集过程运输环境界面如图 6-24 所示，图中展示了该生鲜农产品采集过程中温湿度随时间变化的曲线，选取需要查询的时间段，点击“查询”可对温湿度时间历程进行显示与回放，根据其正常温湿度范围可知在此时间段温湿度变化在正常范围内且波动较小。生鲜农产品从供应商到物流中心的路线图可以进行缩放，并可以查看车辆行驶路线（见图 6-25）。

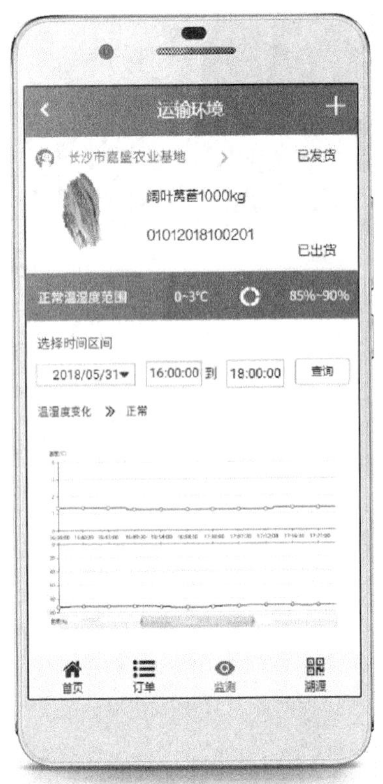

图 6-24　智能数据监测子系统阔叶莴苣采集过程运输环境界面

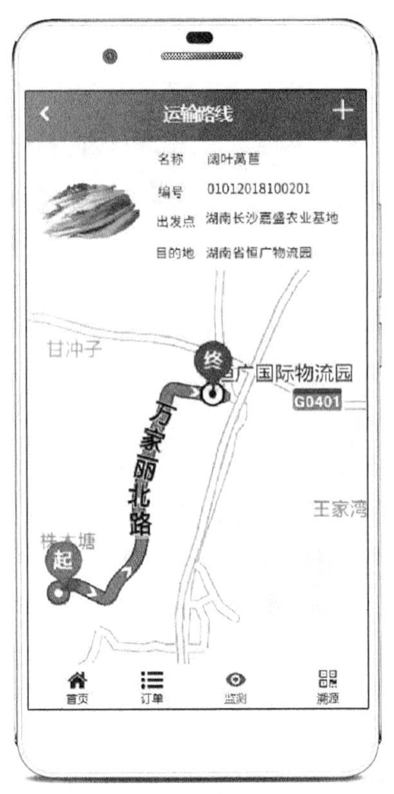

图 6-25　智能数据监测子系统阔叶莴苣采集过程运输路线界面

该生鲜农产品仓储过程中的基本信息包括“仓库地点”“入库时间”“出库时间”，信息由智能数据监测子系统通过无线射频识别技术获取（见图 6-26）。该生鲜农产品的库存环境信息展示了温湿度随时间变化的曲线，选择想要查询的时间段，对生鲜农产品所处环境的温湿度变化进行显示与回放，根据其正常温湿度范围且系统并未提示报警可知此时间段在正常范围内（见图 6-27）。

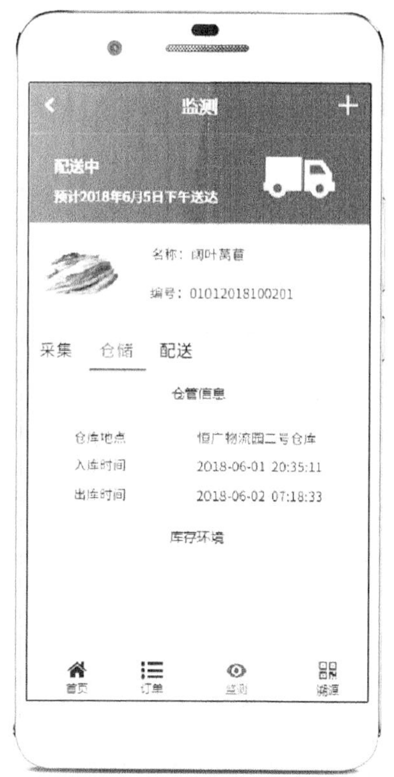

图 6-26　智能数据监测子系统阔叶莴苣仓管信息界面

图 6-27　智能数据监测子系统阔叶莴苣库存环境界面

由于该生鲜农产品正在配送中，点击“获取当前数据”可以查看当前生鲜农产品在配送过程中冷藏车内的温湿度信息以及当前查询的时间，该产品在配送过程中实时监测的环境信息如图 6-28 所示。生鲜农产品从物流中心到目的地的路线图可以进行缩放，上面标明其所在位置，以实时监测该生鲜农产品的运输路线（见图 6-29）。

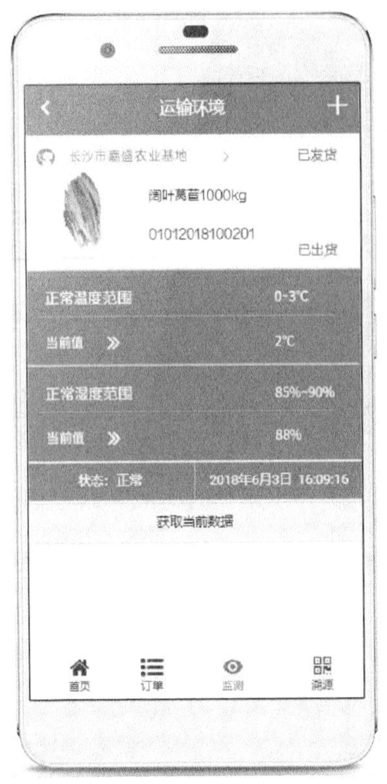

图 6-28　智能数据监测子系统阔叶莴苣配送过程运输环境界面

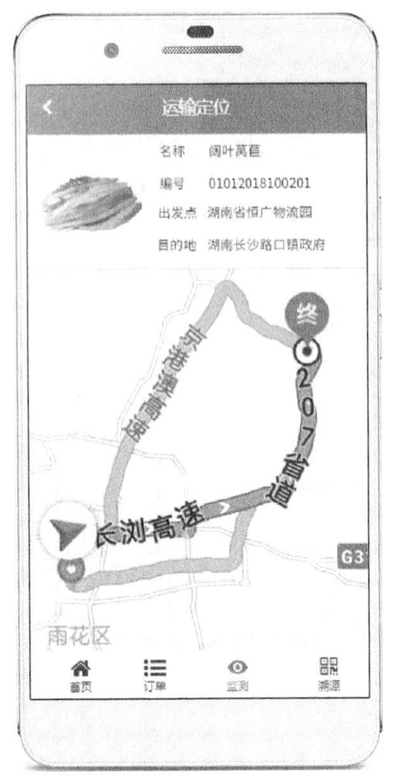

图 6-29　智能数据监测子系统阔叶莴苣配送过程运输定位界面

（2）正在仓储过程中的产品信息界面。

回到主界面查看另一个订单监测信息，进入大叶生菜数据监测界面，显示这批生鲜农产品正在仓储中，系统根据其进程预计出产品出库时间。在系统里采集信息分为“运输环境”和“运输路线”两大模块（见图 6-30）；仓储信息分为“仓管信息”和“库存环境”两大模块（见图 6-31）。

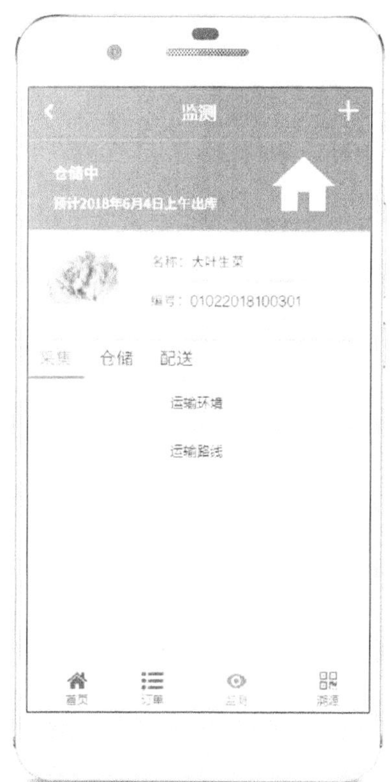

图 6-30 智能数据监测子系统大叶生菜采集信息界面

图 6-31 智能数据监测子系统大叶生菜仓储信息界面

智能数据监测子系统大叶生菜配送信息界面如图 6-32 所示，该生鲜农产品正在仓储中，并未出库，因此无法显示配送信息。该生鲜农产品采集过程中的运输环境信息展示了温湿度随时间变化的曲线，对温湿度时间历程进行显示与回放（见图 6-33）。

图 6-32　智能数据监测子系统大叶生菜配送信息界面

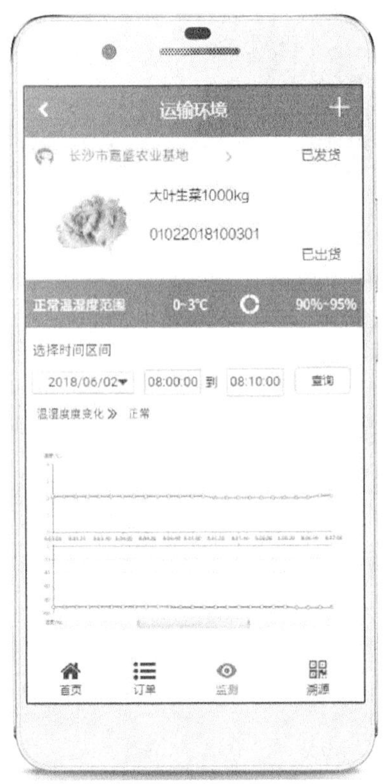

图 6-33　智能数据监测子系统大叶生菜采集过程运输环境界面

智能数据监测子系统大叶生菜采集过程运输路线界面如图 6-34 所示，由该图可知生鲜农产品从供应商到物流中心的路线，对地图进行缩放可以获取其采集过程中的路线信息。智能数据监测子系统大叶生菜仓管信息界面如图 6-35 所示，由于生鲜农产品正在仓储中，因此只能显示“仓库地点”和“入库时间”。

图 6-34 智能数据监测子系统大叶生菜采集过程运输路线界面

图 6-35 智能数据监测子系统大叶生菜仓管信息界面

智能数据监测子系统大叶生菜库存环境界面如图 6-36 所示，因为该生鲜农产品正在仓储中，所以点击“获取当前数据”可以查看当前生鲜农产品在冷库内的温湿度信息，由此可知此时的温湿度信息是否正常。

（3）正在采集过程中的产品信息界面。

以高含铁菠菜为例，对于正在采集过程中的生鲜农产品，系统已预计该生鲜农产品到达物流中心的时间，主要监测的信息分为“运输环境”和“运输定位”（见图 6-37）。由于该生鲜农产品正在采集，并没有到达物流中心，所以还没有仓储信息和配送信息（见图 6-38 和图 6-39）。

图 6-36 智能数据监测子系统大叶生菜库存环境界面

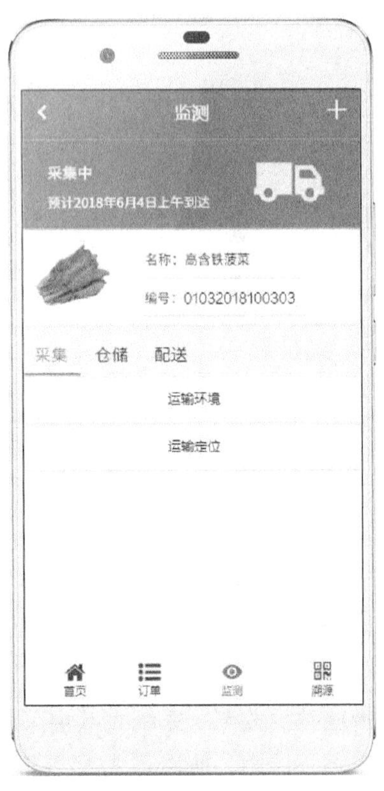

图 6-37 智能数据监测子系统高含铁菠菜采集信息界面

图 6-38 智能数据监测子系统高含铁菠菜仓储信息界面

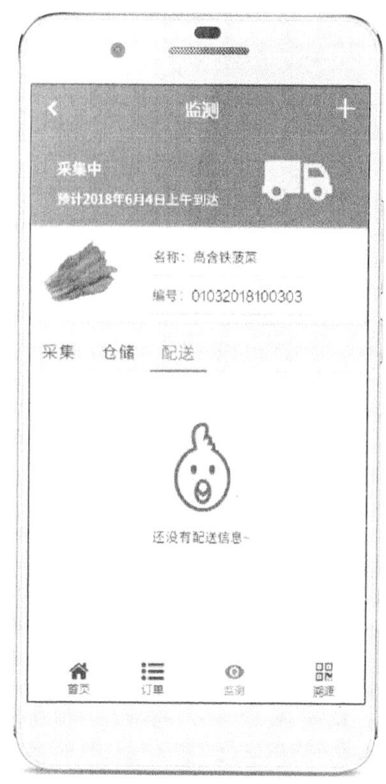

图 6-39 智能数据监测子系统高含铁菠菜配送信息界面

因为该生鲜农产品正在采集中，所以点击“获取当前数据”可以查看当前生鲜农产品在采集过程中冷藏车内的温湿度信息，该生鲜农产品采集过程中的运输环境信息如图 6-40 所示，当前的温湿度环境正常。智能数据监测子系统高含铁菠菜采集过程运输定位界面如图 6-41 所示，图中标注了运输车辆的所在位置，放大地图可查看车辆的具体位置。

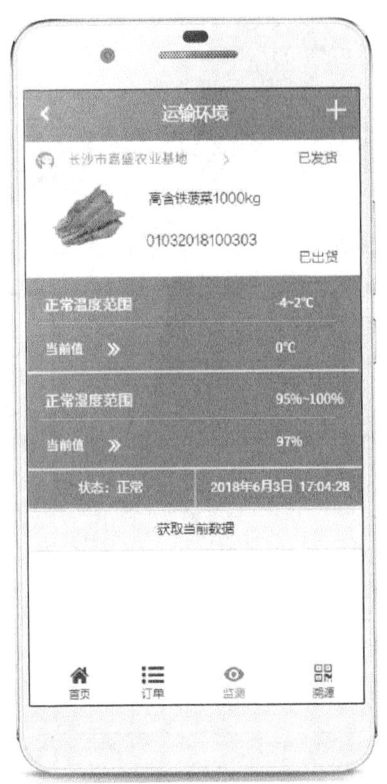

图 6-40　智能数据监测子系统高含铁菠菜采集过程运输环境界面

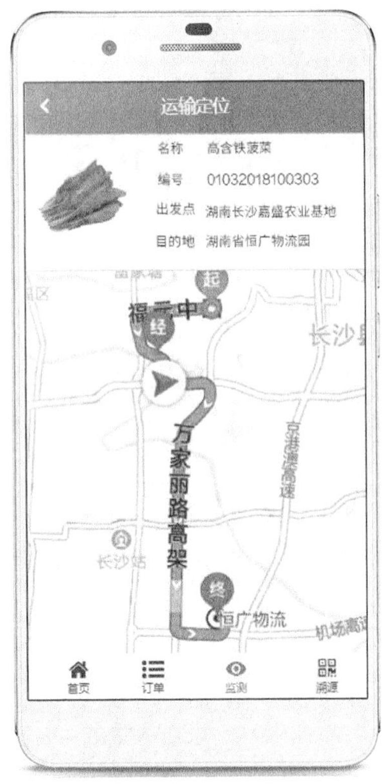

图 6-41　智能数据监测子系统高含铁菠菜采集过程运输定位界面

6.4　本章小结

本章阐述了生鲜农产品冷链智能数据监测子系统的功能需求、模块设计与实现。首先，阐明了现有冷链物流监测系统的不足以及本系统为解决不足所需要用到的关键技术。其次，分析了本系统的功能需求，相应设计出系统架构与系统数据库，并对子模块进行系统功能的设计和阐述。最后，进行系统实现，通过 App 端和 Web 端详尽地展示生鲜农产品在采集、仓储和配送过程中监测到的信息，以帮助智能数据监测子系统完成生鲜农产品温湿度实时监测与历史查询的目标。

7 生鲜农产品冷链智慧溯源可视化子系统设计与实现

本章以智慧溯源可视化技术为关键着力点，面向供应商、物流企业、分销商、消费者四大溯源角色，通过整合智能订单管理子系统的订单数据和智能数据监测子系统的产品监测数据，针对不同溯源者展示不同的追溯信息，以实现生鲜农产品冷链智慧溯源可视化。

7.1 智慧溯源可视化子系统描述与分析

智慧溯源可视化子系统致力于实现全过程的可视化，通过对可视化系统的模块控制，方便客户随时查询生鲜农产品从提货完成至收货人签收整个运输过程中的温湿度及运输数据。尽量减少运输途中的损失和浪费，让新鲜的食品走进寻常百姓家。

7.1.1 现有溯源可视化系统不足

据调查，2018 年 6 月 7 日，有一个叫作“1 号冷链”的软件将冷链环境监控数据做到了全链“可视化”，当属全国首创，不过在实际推广过程中却碰到了很多与理论设计不相符的困难。除此之外，国内的技术还无法对生鲜农产品冷链物流的环境数据进行实时监控，某些公司的运输管理系统只能做到对货物位置、轨迹进行实时查看及回放。大多数企业的溯源可视化系统的可视化范围有限。

1. 技术和成本限制物流可视化发展

技术是冷链物流企业的核心竞争力，尤其当下 5G 和 VR（虚拟现实技术）发展迅速。如果技术标准制定过严，有些企业受制于成本而无法发展技术，无法跨过技术门槛，导致发展受阻。除此之外，冷链物流基础设施设备的不完整、不配套，也使标准化的实施缺乏有效依托。

2. 难以界定生鲜农产品冷链标准化范围

冷链物流的主要对象如生鲜农产品、生鲜水产等自身具备天然属性，无法做到与数码产品、服饰等很轻易地规模化、标准化生产。生鲜农产品冷链物流缺乏国家对冷链的标准，以至于对前端冷库、冷藏车等各项数据的采集节点标准不统一，尽管实现了可视化，其数据的真实性、有效性无法得以保证，因而冷链物流行业的数据采集基本上处于无序状态。

3. 冷链物流全链数据无法无缝对接

目前，冷链物流的上、中、下游暂未形成完善的冷冻冷藏链，这是我国冷链物流发展最大的障碍，从生产地到消费者的流动贮存效率和产品效益无法得到控制与整合，所以生产商与物流企业、物流企业与分销商、分销商与消费者之间的相关信息无法实现无缝对接。据悉，做物流管理系统的企业将管理过程按节点一一分开，将系统设立成订单管理子系统、仓储管理子系统、运输管理子系统等多个独立的系统。这也造成了各企业各自为政，采集的数据和可视化内容都仅公开于各个企业，没有达到溯源可视化的本质要求。在现代物流行业中，缺少全国统一标准的数据采集和监管平台，一是冷藏冷冻技术不过关，未将冷链资源整合起来，容易断链；二是设施设备的成本高、效果不佳，且对应的标准不一致，各制造商各自为政；三是冷链人才稀缺，有能力、有素质去做冷链物流的人才少之又少，各高校应重点培养冷链人才。我国要想实现真正的生鲜农产品冷链智慧溯源可视化，政府、企业都还有很长的一段路要走。

7.1.2 智慧溯源可视化技术分析

近年来，自动识别技术、传感器技术、移动通信技术、仿真技术、多媒体技术、智能决策技术等不断发展，为溯源可视化系统构建提供了强有力的技术支撑。国内外已有不少生鲜农产品溯源方案，例如早期的基于条码的生鲜农产品溯源系统等，但在众多方案中仍难以选择一个来真正实现智慧溯源可视化的系统。现根据上一节中所提出的现状作出以下三个关键技术分析。

1. 基于 LSBDHBase（物流仓储大数据存储系统）的数据存储技术

HBase 是一个高可靠性、高性能、面向列、可伸缩的分布式存储系统，适用于结构化的存储，底层依赖于 Hadoop（分布式计算）的 HDFS（分布式文件系统），利用 HBase 技术可在低价 PC Server（电脑服务器）上搭建起大规模结构化存储集群。因此 HBase 被广泛使用在大数据存储的解决方案中。其优势有以下三点。

（1）列有动态增加的性能，并且列为空则不存储数据，节省存储空间。

（2）HBase 自动处理数据，使得数据存储自动具有水平可扩展性。

（3）HBase 可以提供高并发读写操作的支持。

基于 LSBDHBase 的数据存储技术可以提供高性能、分层次、面向列的数据存储，从而便于中央处理系统与现有的各种系统集成。此外，该技术的应用也便于物流信息的读取与写入，提高物流信息平台的运行效率。

2. 移动互联网技术

移动互联网技术就是将互联网技术、商业模式、平台和应用以及移动通信技术与通用术语融合起来，包括终端、软件和应用三个层次。终端设备包括智能手机、平板电脑、电子书等，软件包括系统软件、应用软件和介于两者之间的中间件。该系统通过移动互联网技术可保障可视化数据的有效性、真实性。

供应商、物流企业、分销商将产品信息自动录入系统后，将不得修改。供应商对产品的生产信息负责，保证产品在托运给物流企业之前的质量安全；物流企业对运输、仓储的条件进行控制，保证生鲜农产品在冷链运输过程中的质量安全；分销商保证生鲜农产品存放的温度、湿度。三者分工合作，对整个生鲜农产品供应链负责，各自充当各自的角色，但又相互联系，一方出错，其他方就可通过可视化系统发现问题源头。

3. 二维码技术

众所周知，现在生活中对鉴别各个产品身份和特征的媒介就是二维码。使用二维码作为传递信息的工具是因为二维码具有修正力强等优势，可在本溯源系统中实现有效回溯和监管生鲜农产品可视化信息。接下来对市场上已有的 7 种技术进行对比分析（见表 7-1）。通过相关研究以及实际应用情况，本系统最终确定二维码技术为溯源技术。在生鲜农产品出入境、分装、仓储和销售过程中，二维码作为唯一标识，可实现对生产、物流全链条的监督和调控，进而确保监管部门对生鲜农产品生产单位和加工单位的全流程管理。

表 7-1　　　　现有技术对比分析

技术	一维条码	彩码	RFID	生物技术	超微分析	NFC	二维码
读取性	简易	较简易	较难	难	难	较简易	简易
防伪性	小	小	较高	高	高	较高	较高
信息容量	小	小	较大	大	大	较大	较小
成本	低	较低	较高	高	高	较高	低
推广性	大	较小	较小	极小	极小	较大	大

通过表 7-1 可以看出，选取的 7 种技术分别是一维条码技术、彩码技术、RFID 技术、生物技术、超微分析技术、NFC 技术、二维码技术。通过对比可以得出以下几点结论。

（1）若采用一维条码技术，尽管价格便宜，可快速识别、操作性能高，但其主要依赖数据库的支持，信息容量不大。

（2）若采用彩码技术，只能在受限的彩图空间，以降低信息的容纳量为前提的情况下，能够为图形创作设计提供更大的方便。

（3）若采用 RFID 技术，价格贵，且 RFID 标签的读取需要专门的读写器，普通用户需要将生鲜农产品送到专门的读写器上才能获取生鲜农产品相关溯源信息，使用不方便，故目前虽然已研制一些基于 RFID 的溯源系统，但真正广泛应用的不多见。

（4）若采用生物技术，具有稳定、便捷、不易变换或丢落等优点，但成本很高，需要创建大量的活体 DNA（脱氧核糖核酸）数据库。目前，已被提出用于牲畜个体标识的生物特征识别技术有自体免疫性抗体标签、超微分析、鼻纹、虹膜识别、面部识别等。

（5）若采用超微分析技术，如同位素指纹技术、矿物元素指纹分析、近红外光谱分析的可视化效果受市场青睐，但其对用户的针对性太强，例如同位素指纹分析主要用于乳制品、牛肉等，且成本较大，推广性不强。

（6）若采用近场通信（NFC）技术，与 RFID 技术类似可以很方便地嵌入手机内部，但无法解决 NFC 芯片被回收的问题。芯片被回收，意味着数据一起被回收，重新配印上天线，很容易造假。另外，目前只有高档手机才支持近场通信功能，所以对于一般消费者而言也起不到辨别真伪的目的。

（7）若采用二维码技术，具有保密性和追踪性高、抗损性强，且易实现信息化管理，使其被广泛应用于食品溯源、防伪等领域。

以下是关于二维码实现防伪溯源的相关调查数据，由此可以得出二维码识别真伪已经被大多数消费者认可。

（1）关于手机用户对手机二维码实现物品防伪溯源的支持率达到87.6%。

（2）关于手机用户对手机二维码实现物品溯源的态度数据：36.4%是满意的，45.5%是十分满意的，其余持中立态度。

二维码在防伪溯源上的应用日益被市场接受，原因有两点：第一，性价比高；第二，移动手机的普及使扫描二维码是一件非常容易的事情。

二维码可以是网址信息，里面包含大量的产品信息，通过二维码消费者能够直接了解到产品信息。二维码成为企业与消费者沟通的桥梁。

综上所述，本书主要研究以二维码技术为核心的智慧溯源可视化子系统，利用智能终端扫描生鲜农产品上的二维码，检索溯源信息，一旦出现食品安全问题，可立即回溯根源，深究责任人和相关原因，便于用户和政府各方及时采取措施，以最快的速度将影响和损失降到最低程度，保证生鲜农产品流通信息标准化、集中化和网络化，促进生鲜农产品流通市场规范有序，达到对生鲜农产品全过程监管，确保生鲜农产品流通信息有源可溯。

7.1.3 可视化系统功能需求分析

智慧溯源可视化子系统的业务需求是以物流企业的客户、物流企业、消费者三者的需求为目标，以用户的需求来设计功能模块架构。物流企业的客户需要系统能够提供查看物流信息的通道，其中包括可以查看运往物流企业的产品的运输定位、运输环境参数等；物流企业需要系统增加一个更好的增值服务，提高自身的核心竞争力；消费者需要系统提供可以查看产品的生产、运输、保存等一系列信息的平台。为此，智慧溯源可视化子系统集成了订单信息、监测数据，实现企业间的信息对接、信息共享。核心业务流程如图 7-1 所示。

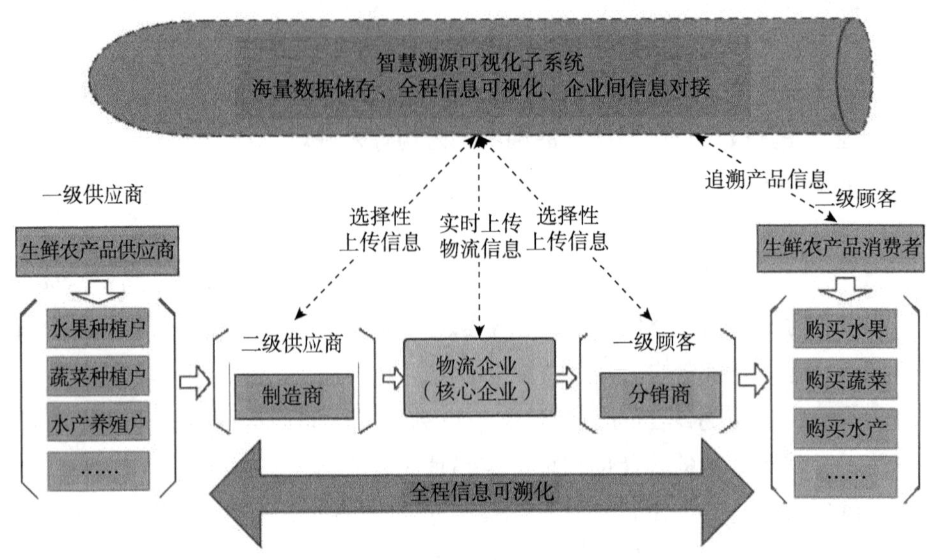

图 7-1　核心业务流程

从种植（养殖）到产品进入物流企业之前，全程信息由物流企业的客户供应商录入数据库；之后物流企业对供应商的产品进行运输，配送给一级顾客分销商，物流企业负责全程运输信息的监测与录入；最终由分销商销售给消费者，分销商可选择地录入产品的湿度、温度等保存信息。从供应商开始到最终的消费者，生鲜农产品的生产信息、冷链运输的物流信息、销售地的保存信息均可录入系统，实现信息的集成化。这有利于各级用户查询各阶段信息，各企业之间也可以共享数据。

智慧溯源可视化子系统总体设计目的是物流企业用来满足其客户的需求，更进一步来说，物流企业客户的需求是为了满足消费者对生鲜农产品各指标数据可追溯的需求，因此物流企业需要实现基于二维码的生鲜农产品冷链智慧溯源可视化子系统。根据用户需求的不同，系统展示的信息也不同。因此功能模块的设计需要基于用户的需求将各类信息进行管理，再通过不同用户需求来管理可视化内容，具体的功能需求分析如图 7-2 所示。

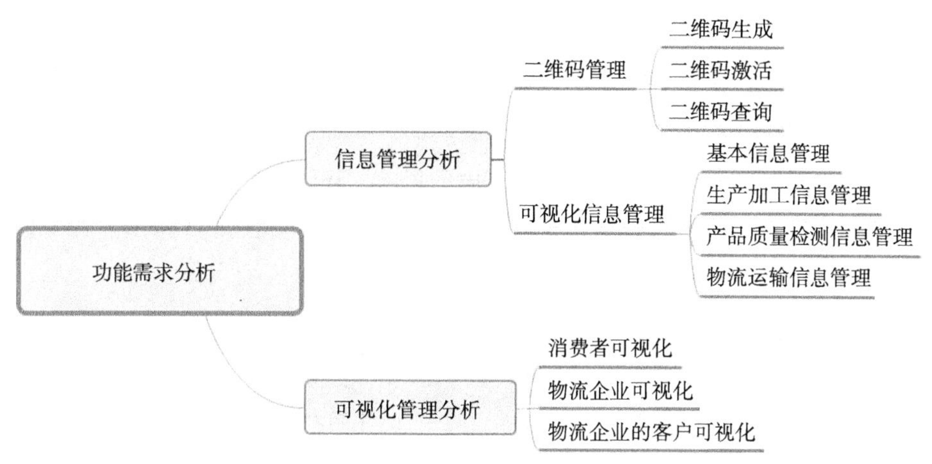

图 7-2　功能需求分析

1. 信息管理分析

因为不同用户对可视化信息的需求不同，系统需对各类可视化信息进行分类管理，信息管理包括二维码管理和可视化信息管理。

二维码是生鲜农产品的特征标识，对于消费者而言，二维码是信息可视化的端口。消费者可通过扫描二维码看到关于这个产品一系列的信息。因此对于物流企业而言，二维码的管理对于信息分类工作极其重要。二维码生成、二维码喷绘、二维码激活、二维码查询、分类管理、批次管理等构成二维码管理的组成部分。

可视化信息管理是将信息分类整理以便于不同用户查看。主要包括基本信息管理、生产加工信息管理、产品质量检测信息管理、物流运输信息管理；其中基本信息包括产品的原产地信息、种植（养殖）信息、采购信息等；产品质量检测信息包括农药检测信息、检测单位信息、营养含量检测信息等。

2. 可视化管理分析

根据系统设计需求分析，将智慧溯源可视化子系统中的可视化管理模块分为三大类：物流企业的客户可视化功能模块、物流企业可视化功能模块、消费者可视化功能模块。

（1）物流企业的客户。

从物流企业的客户的角度分析，供应商、分销商需要实时观测运输过程的信息以保证产品的运输安全，因而需要物流企业保证产品在运输过程中的安全。智慧溯源可视化子系统可实时展示运输情况，一旦发生问题，物流企业的客户可通过智慧溯源可视化子系统展示的信息来确认问题的源头。从供应商的角度分析，智慧溯源可视化子系统的功能不仅能够解决生产企业因产品不合格致使企业管理费用增加的问题，也可以降低生产过程中的风险，还可以降低企业产品的不合格率提高企业的产品竞争力。物流企业的客户可视化信息如图 7-3 所示。其中包括供应商生产信息、物流企业运输信息、分销商储存信息三个大类。

图 7-3　物流企业的客户可视化信息

智慧溯源可视化子系统主要给物流企业的客户带来了以下三点好处。

①可查看产品在途运输物流详情。

分销商向供应商发出订单后，供应商开始联系物流企业进行配货，接着物流企业派专车到供应地进行拉货。生鲜农产品从生产地运送到分销地的过程中，供应商可登录“智源生鲜农产品冷链智慧溯源系统”App 或者网页实时查看生鲜农产品在途运输位置、运输环境参数、运输人员信息等。若出现产品配送时间滞后，可联系物流企业让其督促运输司机加快速度。

物流企业由于生产、销售、流通等地域分离的特殊情况，很难控制串货情况，利用该智慧溯源可视化子系统的冷链全程数据监控可以有效地监督、控制生鲜农产品的生产、物流、分销等关键环节，以有效提升生鲜农产品相关企业的规范化管理。

②可及时追溯到问题源头。

若生鲜农产品出现质量问题，消费者进行举报投诉时，物流企业可通过智慧溯源可视化子系统查看产品的订单信息，若产品本身出现质量问题，那么供应商应承担生鲜农产品出现质量安全的责任；若产品本身没有问题，物流企业可查看在储存和运输过程中的监测数据，这些数据包括仓储过程和运输过程中工作人员通过冷藏设备给生鲜农产品提供的温度、湿度等，查验自身是否存在保存不合理的情况，若信息显示生鲜农产品保存温度不在最适温度范围或类似情况，生鲜农产品的质量问题则由物流企业负责；若产品本身、物流企业储存及运输过程没有出现问题，可查看分销商将产品在商店贮存和上架过程中的相关保存信息，是否存在保管不当现象，若是分销商有生鲜农产品保管不当的问题，则应是分销商负全责。

③可及时召回质量问题产品。

物流企业的客户通过智慧溯源可视化子系统可获取产品的运输情况，如果出现问题，物流企业的客户可反映给物流企业，物流企业通过智能订单管理系统可及时追回其他同批次生鲜农产品，除此之外，智慧溯源可视化子系统为溯源、问责、处罚等都提供了重要的数据依据。

以消费者为服务中心，产品出现质量问题，消费者直接投诉，各级企业可通过智慧溯源可视化子系统还原产品的运输、仓储过程，确认最终责任方。

（2）物流企业。

从物流企业的角度分析，物流企业为了让其客户对生鲜农产品的物流运输放心，需要保证运输过程安全、包装物不损毁等。那么，物流企业在转运过程中产生的数据信息可通过智慧溯源可视化子系统分析运算，将复杂繁多抽象的物流配送信息通过可视化技术转化成较为直观有用的物流配送信息，供配送企业的管理人员使用判断，以此减少物流运作成本，提高物流配送效率，提高物流信息系统的监督管理能力。物流企业可视化信息包括订单基本信息、出入库管理信息、在途监控信息三个部分，具体内容如图 7-4 所示。

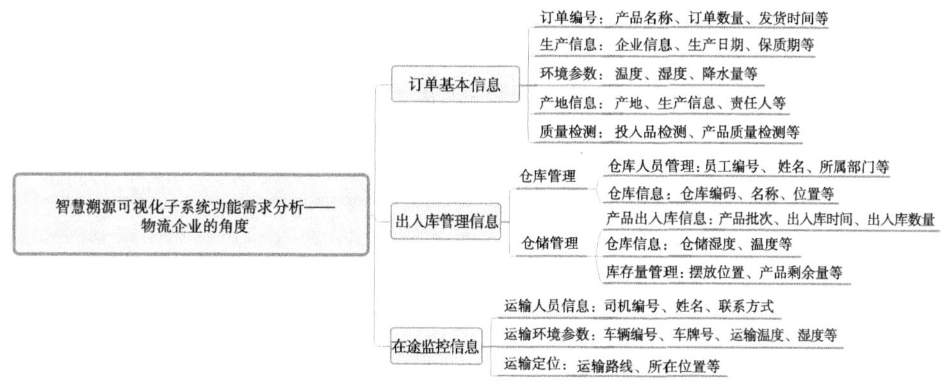

图 7-4 物流企业可视化信息

智慧溯源可视化子系统对物流企业主要有以下两点作用。

①及时处理突发情况。

生鲜农产品在运输过程中的信息会通过智能数据监测子系统采集并上传至数据库，智慧溯源可视化子系统通过整合信息之后可以为物流企业展示可视化界面，如遇突发情况，物流企业可通过可视化界面了解具体情况，及时采取措施解决问题。

②实时展示运输全过程。

生鲜农产品生产企业根据相应的批次管理要求，按照规范设置的装箱率对该批次生鲜农产品装箱。随后根据生鲜农产品的产品分类、规格、批次等关键信息生成该装箱产品的物流编码，之后将该物流编码喷绘或粘贴在产品包装表面，利用手持终端扫描设备扫描外包装上的二维码，完成入库、移库、出库等操作之后可将信息上传至总系统后台数据库，在生鲜农产品运输物流阶段中，智能数据监测子系统可以实时上传产品的物流信息。物流企业可通过智慧溯源可视化子系统对生鲜农产品冷链物流进行实时监控，包括车辆路线、人员操作、图片定时扫描、影像全程监控和温湿度动态记录等操作。

（3）消费者。

从消费者的角度分析，消费者需要了解生鲜农产品的基本信息来确认产品的源头安全，其中包括产品原产地、种植（养殖）等信息，除此之外，还需要了解生鲜农产品的仓储、运输来确认产品运输过程中是否安全。如图 7-5 所示，消费者需要能够查看到的可视化信息包括产品基本信息、投诉咨询两个部分。

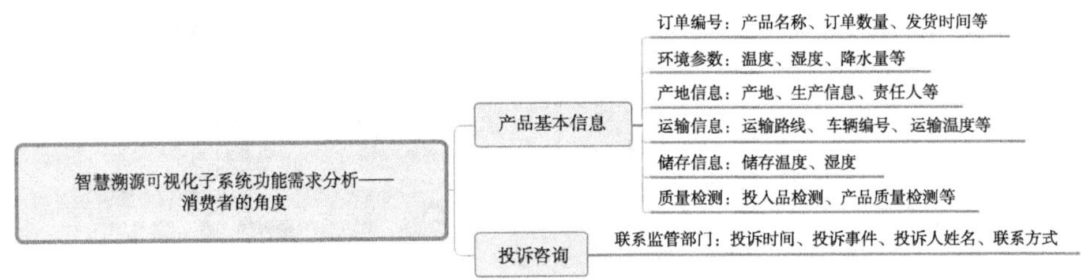

图 7-5　消费者可视化信息

消费者在购买到一份生鲜农产品后，通过手机端扫描生鲜农产品包装上的身份二维码可以追溯查询到所购买的生鲜农产品的种植（养殖）信息、产地信息、质量检测信息、运输信息、储存信息等。让消费者可以买到放心的、健康的绿色安全食品。

3. 非功能需求分析

在软件系统工程思想指导下，需综合农作物栽培、食品加工以及计算机等学科的基本理论与方法，收集大量农作物种植信息，并将其标准化、规范化，建立涵盖种植者信息、育苗、栽种、施肥、防虫、果园管理、采收、产品分级、卫生检验、包装储存、物流运输和销售整个链条的信息数据库，利用关系数据库和事件驱动的面向对象编程技术来建立系统。有以下四点非功能需求。

（1）实用性。

一般来说，系统的开发首先将实用性放在首位，随着生活质量水平提高，消费者更关注安全、营养等问题。二维码使用广泛，操作简单，通过生鲜农产品二维码，消费者可以随时随地在具有二维码扫描功能的软件中查询生鲜农产品的相关信息。

（2）安全性。

不同用户登录系统的账号不同，看到的可视化信息也不同。系统需要保证每个账户的安全，因而系统需要设计与实现两个功能：企业用户的密码保护功能和二维码的防伪功能。

（3）稳定性。

系统中有大量数据与信息的交互，要求系统有一个相对稳定的环境来呈现可视化展示。因此可视化系统开发需以稳定为原则，实现大流量下也保持良好的稳定性，便于用户查询与录入信息。

（4）应用性。

系统需要结合不同用户的不同需求，因而系统开发需以用户需求为基础，能够实际应用于消费场景中，便于用户查询信息。

7.2 智慧溯源可视化子系统设计

通过与智能订单管理子系统和智能数据监测子系统各项数据的交互、整合，用户可登录智慧溯源可视化子系统查看所需溯源的信息，包括生鲜农产品的生产信息、质量检测信息、运输环境参数等，实现信息透明化、质量安全化、产品可溯化，让整个溯源系统物联化、互联化、智能化，呈现智慧溯源可视化。

智慧溯源可视化子系统结合5G通信技术、物联网、云计算、大数据等技术，记录农产品种植（养殖）、检测、运输等所有环节的信息，将物流复杂的架构体系面向智慧化发展。智慧溯源可视化子系统可展示生鲜农产品的基地生产、农（药）残检测、流通等全程信息，实现全程可视化，为企业打造生鲜农产品品牌。

7.2.1 系统架构设计

智慧溯源可视化子系统的总体设计包括系统技术架构设计、可视化功能设计2个模块。以下分别是2个模块的详细设计内容。

1. 系统技术架构设计

在智慧溯源可视化子系统中，消费者大都通过手机客户端查询生鲜农产品信息，供应商、分销商和物流企业一般采用通用电脑、平板、PDA等Wed客户端或者其他手持设备访问查询生鲜农产品信息。

手机等手持设备的操作系统主要有Android、iOS、Windows等，通用个人电脑操作系统有Windows（包括XP、Win7、Win8、Win10等）、Linux等，由于智慧溯源可视化子系统是一个基于Internet的开放式应用系统，为使智慧溯源可视化子系统能对多种硬件平台、多种操作系统实现兼容，所以系统采用B/S架构。

本章设计的智慧溯源可视化子系统的客户端有移动客户端和Web客户端。消费者既可在Web客户端输入生产档案号进行蔬菜质量信息溯源，又可通过移动客户端扫描蔬菜二维码进行蔬菜质量信息溯源。移动客户端与Web客户端的主要区别是表现层的形式不同。

基于B/S架构，本团队设计了智慧溯源可视化子系统技术架构，具体内容如图7-6所示。展示层是系统在前端接收客户的请求；系统应用层包括生产信息、写入追溯码、溯源资讯、仓库管理、物流管理、投诉咨询6个模块；数据层有业务主数据和系统数据；数据库包括客户信息、设备信息、库存信息、运输信息、出入库信息、环境参数信息6个数据库；每一层都会有相关协议保证数据传输的安全性。

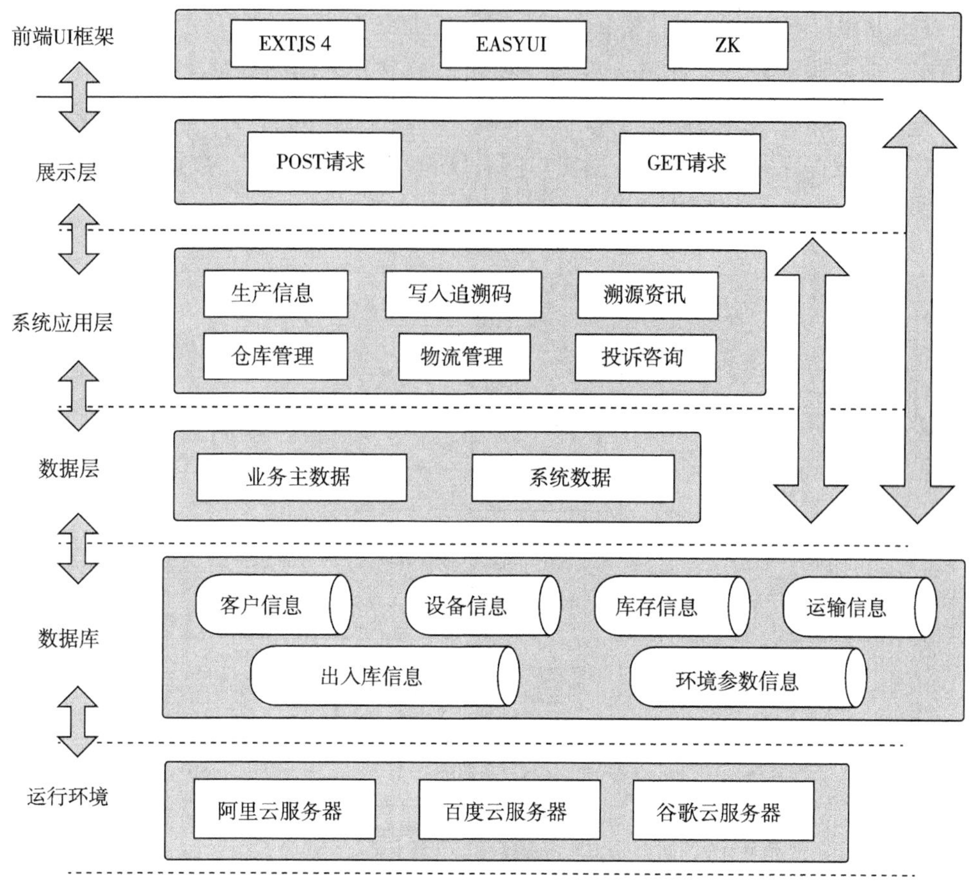

图 7-6 智慧溯源可视化子系统技术架构

2. 可视化功能设计

可视化功能是基于 QR 码技术，根据不同用户需求管理和整合信息，其中主要整合供应商提供的生鲜农产品基本信息、智能数据监测子系统采集的运输信息、分销商提供的产品储存信息。整合之后利用基于 LSBDHBase 的数据存储技术将生鲜农产品从生产商到物流企业再到消费者手中等一系列产品信息动态实时存储至总系统的后台数据库中。之后根据不同用户的登录，展示不同的组合信息。

如图 7-7 所示，智慧溯源可视化子系统整合了生鲜农产品整个供应链上所有的信息。可视化功能是将采集的信息通过网络渠道传入数据库进行保存。当用户对系统进行访问时，系统将访问数据库，显示用户需要的数据信息。在功能架构图中，从生鲜农产品的“种植（养殖）环节→加工环节→仓储环节→物流环节→销售环节→购买环节”这 6 个环节，视频监控器、温度感知器、GPS、RFID 读写器等监测设备采集到的信息通过交换机、DLP（数字光处理技术）控制器等存入对应的数据库服务器中。当用户访问系统调用这些数据时，数据通过交换机、数字矩阵、DLP 控制器等设备显示在系统的客户端。

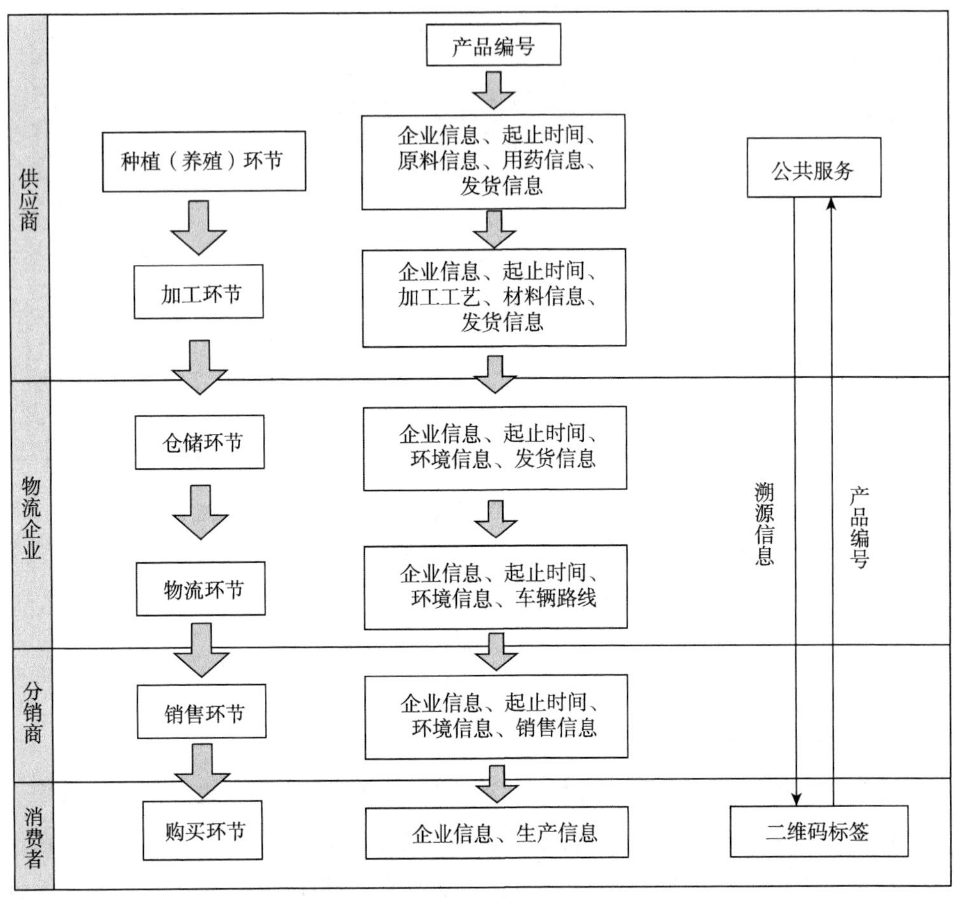

图 7-7 智慧溯源可视化子系统功能架构

对于物流企业而言，可视化功能不仅满足了物流企业的客户对运输过程中信息的需求，也满足了自身扩增消费者市场的需求。对于物流企业的客户而言，可视化功能不仅可以满足消费者对生鲜农产品溯源的需求，还可以提高自身的品牌竞争力。对于消费者而言，消费者购买到生鲜农产品后，利用多种移动终端设备扫描手中生鲜农产品上的二维码，这时终端上会显示一组与该生鲜农产品对应的信息或地址，点击相关按钮即可访问查看多种信息，这里显示的信息包括生鲜农产品质量检测报告、种植（养殖）监控信息、加工包装环境信息、物流运输信息、仓储分销信息等，如此一来就达成了从产地到消费者手里的生鲜农产品全程监控、实时监测和全程溯源可视化的全覆盖，并且，该系统能够为食品药品监督、生鲜农产品检验检疫等机构提供详细、准确的数据信息，进而高性能保障智慧溯源可视化体系和数据的真实、可靠、无误。

7.2.2 功能模块设计

智慧溯源可视化子系统由信息管理模块和可视化管理模块组成，这两个子模块构成了生鲜农产品信息溯源的主要功能模块。

1. 信息管理模块

（1）二维码管理模块。

二维码管理模块是该子系统溯源可视化的基础核心模块，首先生成具有产品身份特征的二维码，然后进行喷绘、激活，此时，所有看到二维码的用户都可直接对其进行扫描查询，系统将根据产品类别和特征要求对二维码进行批次管理。

上述这些具体功能中重要的两个功能模块是二维码生成和二维码激活，能够起到唯一性和不可替代性，可作为该生鲜农产品的唯一身份标识，在整个系统中有着关键的、终端性的作用。

本溯源可视化子系统面向多家企业、多种类型的生鲜农产品提供统一监控管理服务，生鲜农产品溯源编码是对最小单位生鲜农产品生成唯一有规律的编号。对此，平台使用 MD5 加密算法对生成的编码进行加密，用加密后的编码在互联网上进行传输，有效提高了二维码使用的可靠性和安全性。

（2）可视化信息管理模块。

可视化信息管理模块是生鲜农产品溯源平台的核心功能模块，主要包含了生产信息管理、加工信息管理、质量检测信息管理和溯源查询信息管理等。由于客户的需求存在差异，系统需要对不同的信息进行整合分类并呈现给不同用户，整合的信息均以不同二维码作为媒介，实现生鲜农产品详细信息的管理和查询，同时本模块更注重数据可视化，不只是简单的数据收集，而是通过系统数据分析、算法分析，利用可视化图表展示给客户，能够更直观、更高效地反映问题。

2. 可视化管理模块

智慧溯源可视化子系统的用户主要分为：物流企业的客户（供应商、分销商）、物流企业、消费者。对消费者而言，系统可以为其提供生鲜农产品冷链运输过程中的“可视化”信息。对物流企业的客户而言，系统可准确判定生鲜农产品在生产、运输、仓储、配送等环节的纰漏，有效界定责任方，从而避免供应商、物流企业、分销商、消费者之间的纠纷，为企业管理带来更多的便捷性。对物流企业而言，系统可以提高冷链物流运输管理效率，同时也可以依靠保证生鲜农产品的安全来提高客户的信任率。供应商可通过智慧溯源可视化子系统查看产品的基本信息、运输信息、仓储信息；物流企业可通过智慧溯源可视化子系统查看产品的基本信息、环境温湿度信息、出入库管理信息；分销商可通过智慧溯源可视化子系统查看产品的基本信息、物流跟踪信息、仓储环境信息；消费者扫描二维码可追溯产品的基本信息和质量检测信息。可视化管理模块如图 7-8 所示。

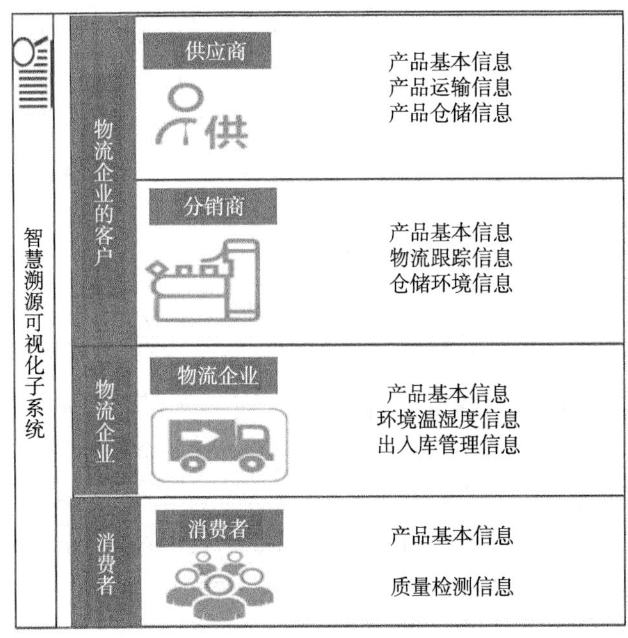

图 7-8　可视化管理模块

（1）物流企业可视化功能模块。

物流企业通过智慧溯源可视化子系统对环境数据实时监控，定位货物的出入库情况，读取订单状态，判断出入库是否为正常操作，实现扫码可视化，降低出入库操作的差错率。物流企业可视化功能模块如图 7-9 所示。

物流企业管理者可以通过“智源” App 或直接进入“智源” 网页进行账号密码登录，进入系统后，输入将要溯源的订单编号，选择需要查看的信息。

①查看“产品基本信息”。检查生产信息是否有误，产品质量是否“合格”，若产品有误，则需要联系供应商，若无错误信息，则可退出系统或查看另外的内容。

②查看“物流信息”。检查“运输环境”是否在正常范围之内、车辆配送“是否准时”，有误要及时联系司机，无误则可退出系统。

③查看“产品出入库信息”。包括生鲜农产品的出入库时间、出入库管理员、出入库数量三部分。物流企业管理员可通过出入库这部分的内容及时清理库存、实时补货。最后，可选择查看相关可视化信息或者退出系统。

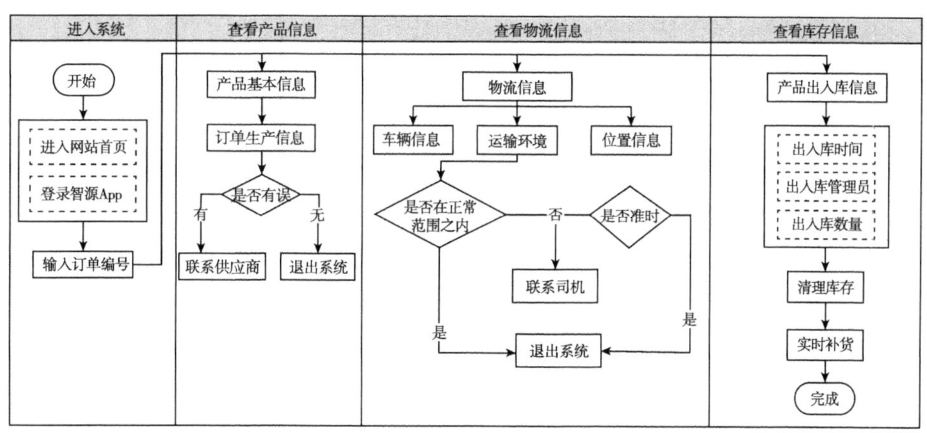

图 7-9 物流企业可视化功能模块

（2）物流企业的客户可视化功能模块。

①供应商可视化功能模块。

供应商向物流企业提交订单信息之后督促物流企业实时发货，发货之后可通过智慧溯源可视化子系统查看物流信息、运输环境，若出现信息不对称的情况，及时联系物流企业相关人员。当消费者投诉生鲜农产品存在质量问题时，供应商通过智慧溯源可视化子系统对物流企业、分销商及自身层层溯源，给消费者一个满意的答复。供应商可视化功能模块如图 7-10 所示。

供应商通过“智源”网页或 App，输入订单编号后，可查看物流详情、追溯产品质量信息。当供应商向分销商发出货物后，可查询生鲜农产品的在途运输位置、运输环境参数、运输人员信息等，保障生鲜农产品冷链物流配送过程中的安全和质量并能够按时到达分销商手中。

对于消费者可能发生的生鲜农产品质量信息反馈，供应商可以通过智慧溯源可视化子系统追踪生鲜农产品出现问题的源头。

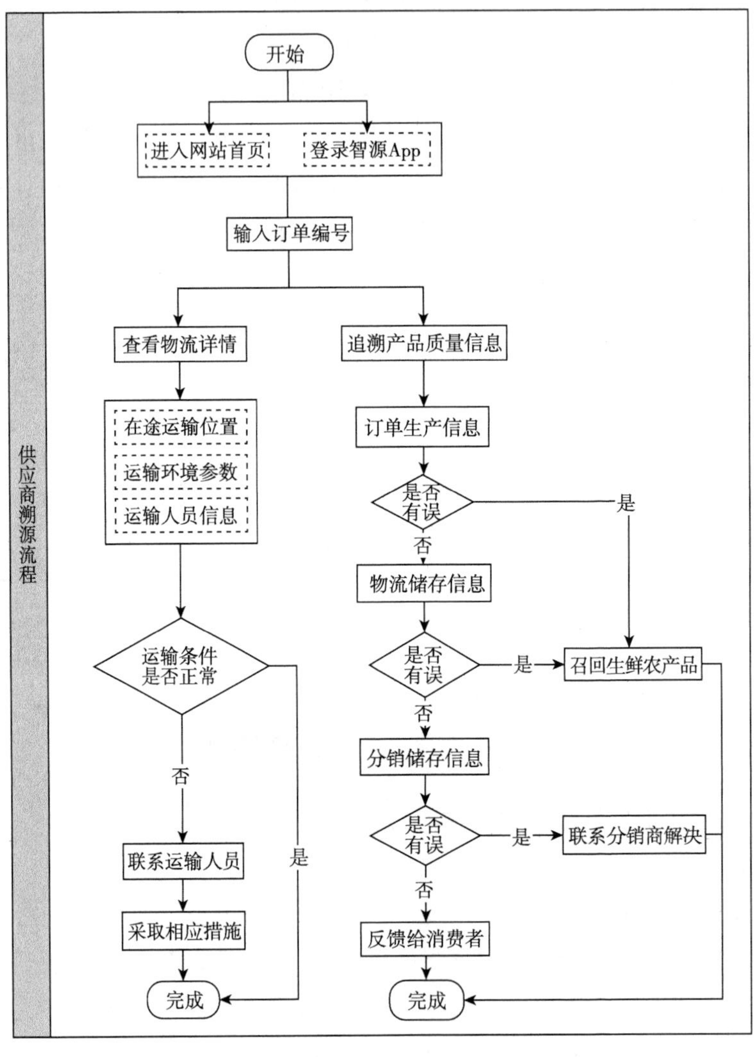

图 7-10 供应商可视化功能模块

②分销商可视化功能模块。

当分销商与供应商签订订单合同，且供应商已确认发货后，分销商可通过智慧溯源可视化子系统对产品基本信息、物流信息、储存环境进行实时跟踪。具体流程如图 7-11 所示。

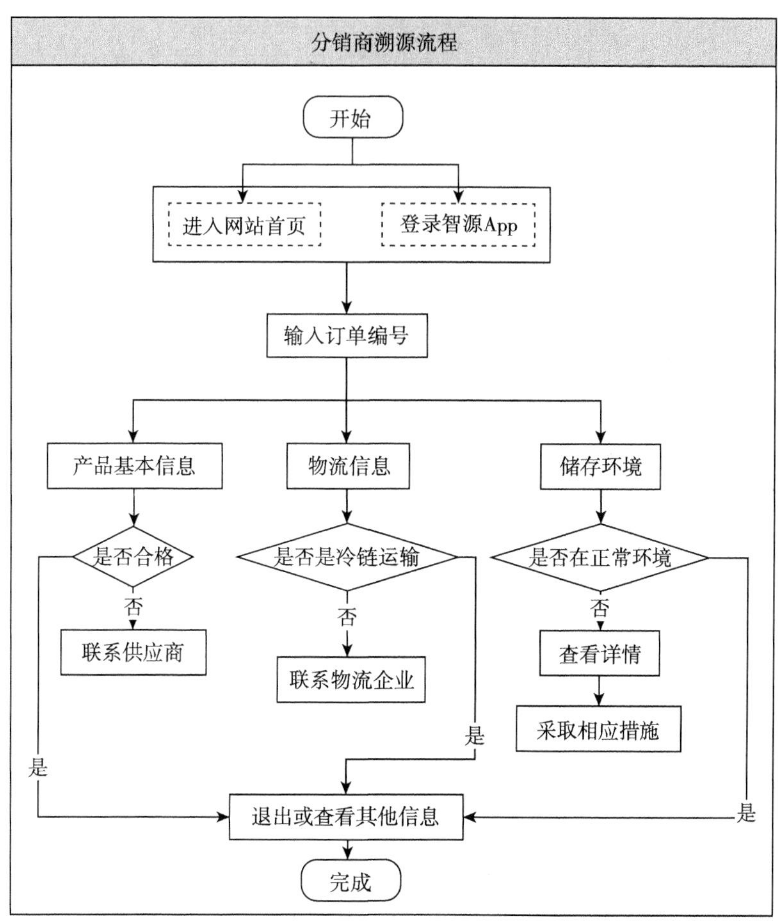

图 7-11　分销商可视化功能模块

分销商与物流企业、供应商均可通过手机 App 或网站进入智慧溯源可视化子系统。通过输入订单编号，查询产品基本信息、物流信息、分销商的储存环境参数。①若产品基本信息不符合标准，则联系供应商。②若生鲜农产品因为非冷链运输而出现问题，则联系物流企业。③若分销商自身的储存环境不当致使生鲜农产品出现问题，则分销商需要采取相应措施。

（3）消费者可视化功能模块。

消费者通过智慧溯源可视化子系统可以对自己购买的生鲜农产品进行质量溯源。若出现质量问题可直接向监管部门投诉，监管部门反映给供应链各个节点企业。供应链中的供应商、物流企业、分销商可通过智慧溯源可视化子系统及时找出问题发生的源头，使消费者的权益得以保障。消费者可视化功能模块如图7-12所示。

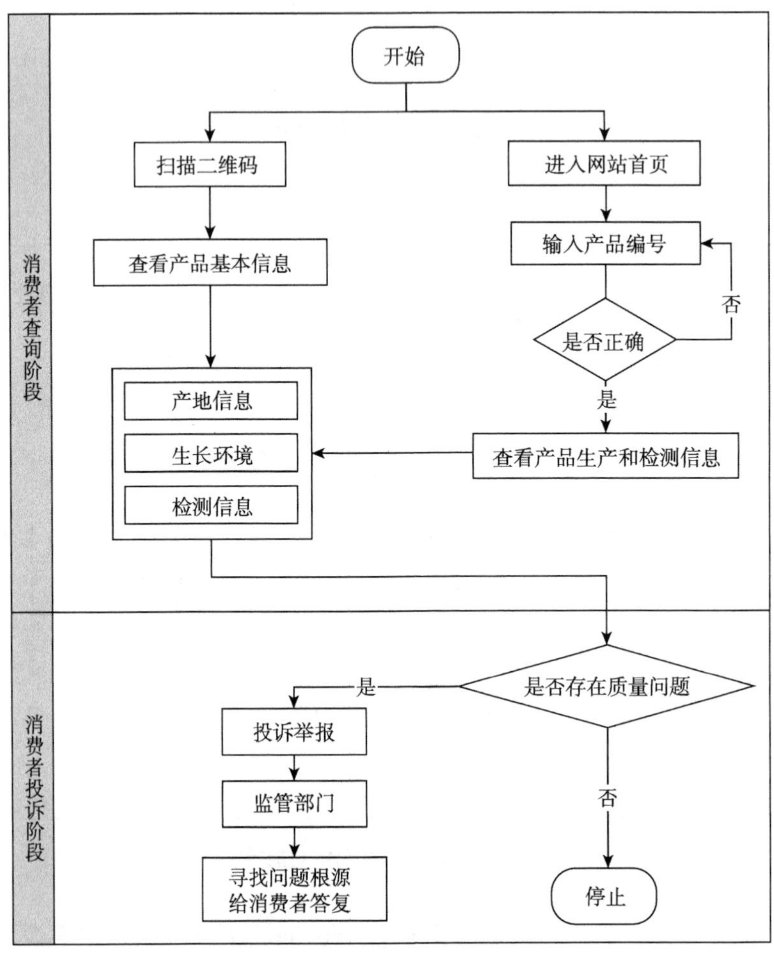

图 7-12　消费者可视化功能模块

消费者通过直接扫描生鲜农产品二维码或者进入网站首页输入产品编号这两种方式查看产品基本信息（产地信息、生长环境、检测信息），若有信息不对称或产品存在质量问题，则可通过“智源”网页或 App 进行投诉举报。最后，可以选择退出系统等待关于问题产品的反馈。

以上是三类用户可视化功能模块的设计，智慧溯源可视化子系统满足了不同用户的需求。首先，对于物流企业而言，通过智慧溯源可视化子系统不仅能够更好地服务客户，还能够提高自己的核心竞争力。其次，对于物流企业的客户而言，通过智慧溯源可视化子系统不仅可以查看物流运输过程中的详细情况，还可以在农产品出现质量安全问题时找到问题源头并及时解决问题。使物流企业的客户（供应商、分销商等）可以给消费者带来更放心、更安心的消费体验。最后，对于消费者而言，智慧溯源可视化子系统集成了生鲜农产品供应链上各个节点的信息，通过系统可以查看产品的详细信息，了解产品的安全性。

7.3 智慧溯源可视化子系统实现

7.3.1 系统简介

1. 系统现状简介

通过对智慧溯源可视化子系统的总架构设计和功能模块设计，本团队已运用编程语言设计出网页版和 App 版的系统，并且完成了数据库构建。目前，系统可以进行模型演示，系统的数据库以及服务器在后期会进行交互，以保证系统的实际运行。

2. 系统版本简介

（1）网页版简介。

网页版包括生鲜农产品信息可视化、生鲜农产品冷链运输环境可视化和仓库管理可视化 3 个板块。系统中的生产信息管理、用户权限管理和物流信息管理是冷链智慧溯源可视化的 3 个核心部分。物流企业、分销商、供应商可通过账号、密码登录查询页面，消费者则可以直接输入产品编号进入可视化查询界面。

（2）Android 版简介。

Android 版主要包括生鲜农产品信息溯源、生鲜农产品冷链运输环境可视化和仓库管理可视化 3 个板块，可视化信息包括生鲜农产品的生产信息、运输状态、库存状态以及仓库人员信息等。

物流企业、供应商、分销商可通过账号密码登录，进入管理界面查看产品详细信息。消费者可使用手机微信“扫一扫”功能获取产品相关信息。以新鲜菠菜为例，消费者可通过手机微信“扫一扫”功能直接扫描二维码标签来获取菠菜的详细信息。

除此之外，为了让消费者对产品质量的疑问有多方渠道可以咨询与投诉，网页版子系统设有投诉咨询的界面；该子系统可以通过网址链接和手机微信“扫一扫”两种方式登录。

7.3.2 系统模块实现

智慧溯源可视化子系统分为三种类型用户登录。第一，物流企业的客户，其中包括供应商和分销商。供应商可登录智慧溯源可视化子系统查看物流信息和仓储信息；分销商可登录智慧溯源可视化子系统查询产品生产信息、物流信息。第二，物流企业。物流企业可登录智慧溯源可视化子系统管理仓库，实时监控冷藏参数，管理配送人员。第三，消费者。消费者可登录智慧溯源可视化子系统查询产品从生产到销售这一链条过程的信息，从而核查产品的质量。

1. “智源”网页版功能实现

（1）物流企业、物流企业的客户可视化界面展示。

对于物流企业而言，进入网页之后可以查看所有订单的基本信息，包括订单编号、订单来源、收货方、订单类型等。除此之外，物流企业管理人员还需要调度仓配人员，因此需要了解出入库的信息和运输信息（见图 7-13）。

欢迎 陈二丫
订单管理
数据监测
可视化溯源
在途监控
其他信息
查询管理
报表管理
系统管理

首页 可视化溯源 关闭操作 退出

增删查改 指定负责人 订单状态：---全部---

订单编号	订单来源	收货方	订单类型	人员安排	人员安排	人员安排	在途监控	其他信息
01201810020101	茂丰农业合作社	莲城生鲜超市	冷藏类	刘魔王	曾小小	曾得住	详情	详情
01201810020102	茂丰农业合作社	莲城生鲜超市	冷藏类	涂龙刀	曾小小	张三	详情	详情
01201810020301	茂丰农业合作社	莲城生鲜超市	综合类	涂龙刀	曾小小	应一声	详情	详情
01201810020201	茂丰农业合作社	莲城生鲜超市	常温类	涂龙刀	曾小小	张大宝	详情	详情
01201810020103	茂丰农业合作社	莲城生鲜超市	综合类	刘魔王	陈老丫	谭老丫	详情	详情
03201810020101	良农生鲜有限公司	莲城生鲜超市	冷冻类	涂龙刀	陈老丫	李四	详情	详情
02201810020101	群英养殖合作社	莲城生鲜超市	冷藏类	涂龙刀	胡二刀	曾得住	详情	详情
03201810020201	良农生鲜有限公司	莲城生鲜超市	冷藏类	陈老丫	胡二刀	刘温柔	详情	详情
01201810020104	茂丰农业合作社	莲城生鲜超市	冷藏类	涂龙刀	涂龙刀	赵六	详情	详情
05201810020101	白洋水产有限公司	莲城生鲜超市	冷藏类	陈老丫	涂龙刀	应一声	详情	详情

图 7-13 智慧溯源可视化子系统物流企业订单基本信息查询界面示意

物流企业在可视化溯源界面下滑可查看订单管理信息，其中包括待出入库订单信息、运输订单信息以及异常订单信息。通过对订单的管理，如遇突发情况可通过网页直接操作来调度运输人员和仓配人员（见图 7-14）。

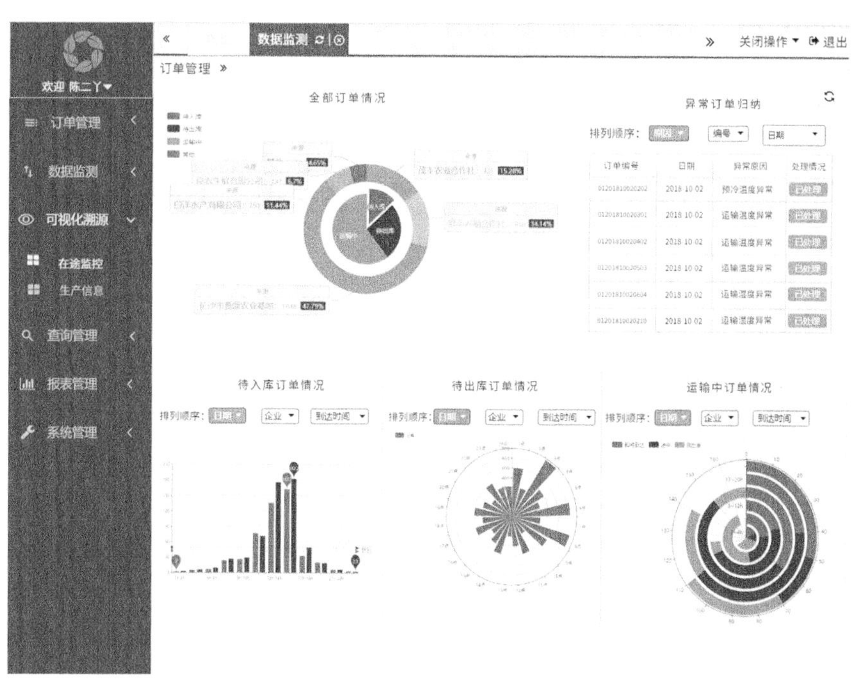

图 7-14 智慧溯源可视化子系统物流企业订单管理信息查询界面示意

物理企业管理人员点击其他信息可查看产品的生产信息，其中包括基本信息、产地信息、质量检测信息和温湿度信息。基本信息和产地信息是由物流企业的客户选择性上传到系统的数据库中，物流企业通过智能数据监测子系统将运输过程中采集的温湿度上传至系统数据库中（见图 7-15）。

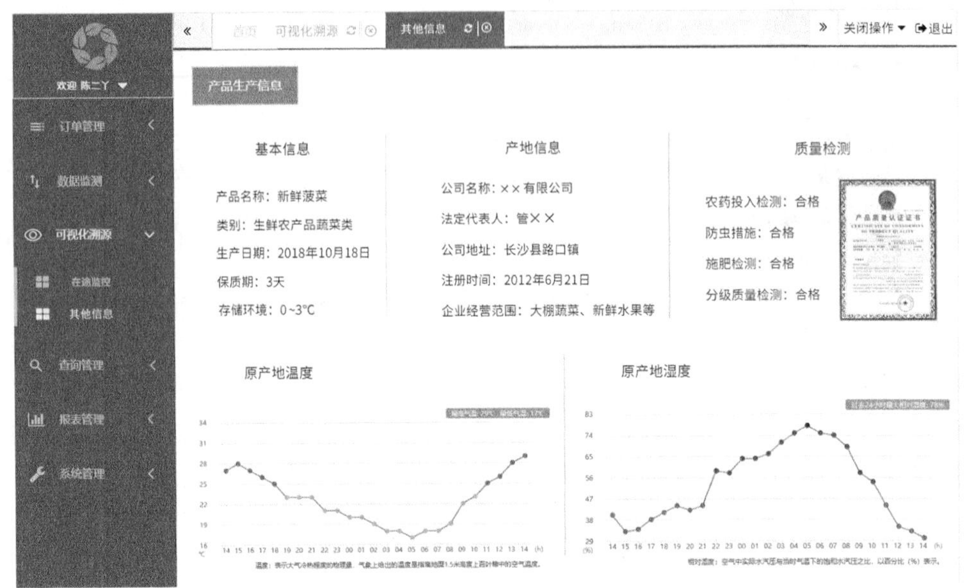

图 7-15　智慧溯源可视化子系统物流企业产品生产信息查询界面示意

物流企业管理人员还可查看到分销商储存环境信息，温湿度在正常范围内可保证生鲜农产品的新鲜度（见图 7-16）。

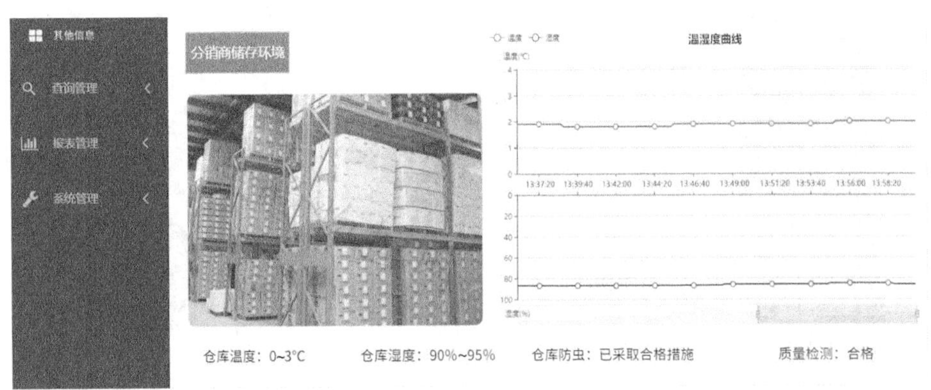

图 7-16　智慧溯源可视化子系统物流企业储存环境信息查询界面示意

物流企业管理人员点击在途监控之后，可实时查看生鲜农产品的物流运输情况，物流运输信息包括车辆的车牌号信息、司机信息、温湿度信息等，还可实时观测车辆的地理位置（见图 7–17）。

图 7–17　智慧溯源可视化子系统物流企业在途监控信息查询界面示意

物流企业的客户登录账号可查看到产品的基本信息、产地信息、质量检测信息等，这些信息确保了生鲜农产品的源头安全，还可查看运输的温湿度信息，从而确认物流企业是否运用冷链设备运输生鲜农产品（见图 7–18）。

物流企业的客户在确保冷链运输之后，需要实时了解生鲜农产品运输进度信息，其中包括仓库位置信息、入库时间信息，当订单发生异常情况时，客户可以及时联系物流企业（见图 7–19）。

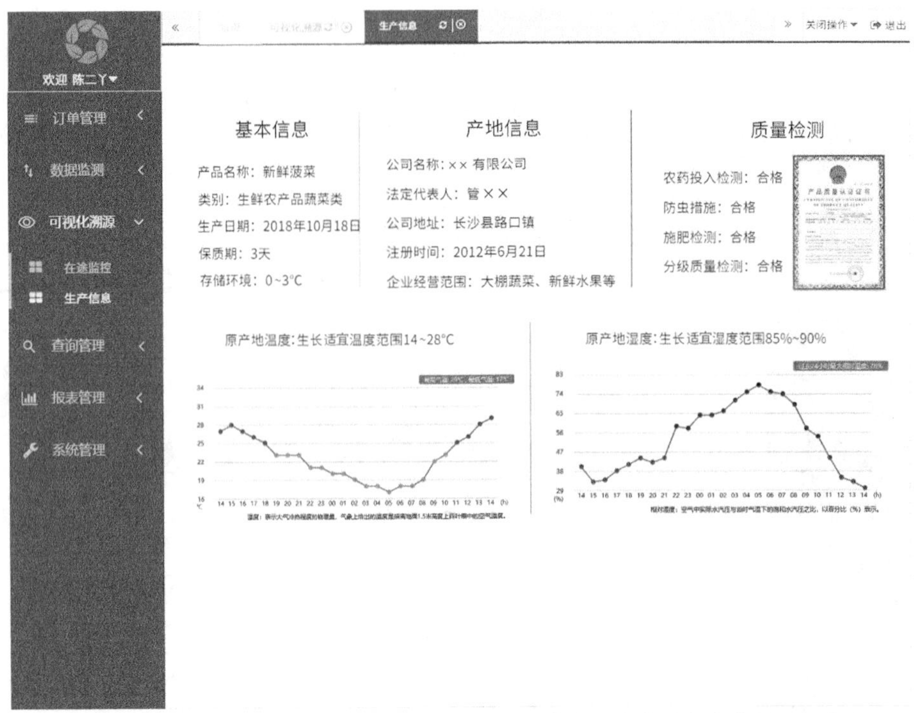

图 7-18　智慧溯源可视化子系统物流企业的客户产品生产信息查询界面示意

图 7-19　智慧溯源可视化子系统物流企业的客户在途监控信息查询界面示意

（2）消费者可视化界面展示。

消费通过扫描二维码可直接查看自己所购买的生鲜农产品的基本信息，包括产地信息、运输信息和质量检测信息。通过查看这些信息，不仅可以追溯生鲜农产品的种植是否安全，还可以查看运输过程的信息（见图 7-20）。

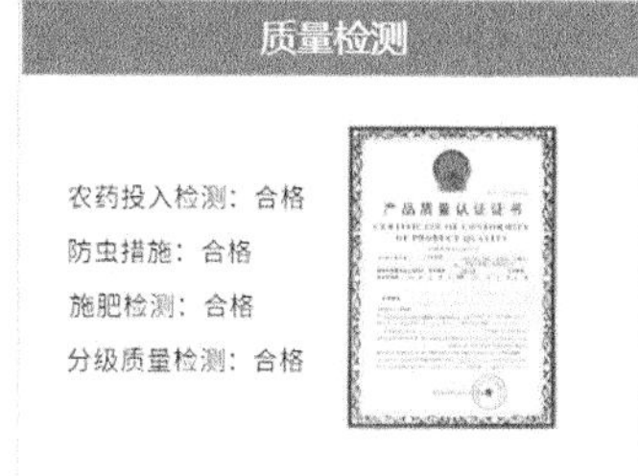

图 7-20　智慧溯源可视化子系统消费者产品基本信息查询界面示意

因为生鲜农产品的特性，消费者需查看生鲜农产品在储存和配送过程中的温湿度信息，以确保其在运输配送过程中没有损坏，由图 7-21 所示，生鲜农产品的生长适宜温度在 14～28℃，湿度在 85%～90%，运输过程中温度在0.7～1.5℃。

若消费者遭遇食品安全问题，可以进行投诉，之后留下投诉人的个人信息和投诉详情（见图 7-22）。

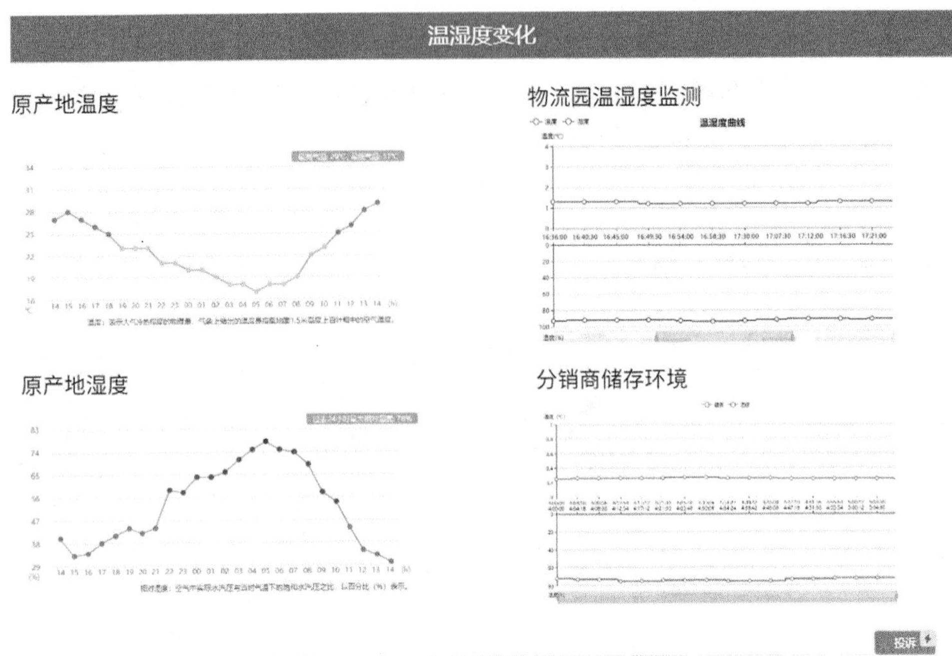

图 7-21　智慧溯源可视化子系统消费者温湿度信息查询界面示意

图 7-22　智慧溯源可视化子系统消费者投诉界面示意

2. “智源” Android 版功能实现

（1）物流企业、物流企业的客户可视化界面展示。

在物流企业管理界面，物流企业可查看所有客户订单信息。其中所展示的信息包括“全部订单情况”“待入库订单情况”“待出库订单情况”“运输中订单情况”“异常订单归纳”五个部分，物流企业首先进入溯源页面，可以查看全部订单情况（见图 7-23）。查看全部订单的信息之后，还需要确认待出库的订单信息（见图 7-24）。

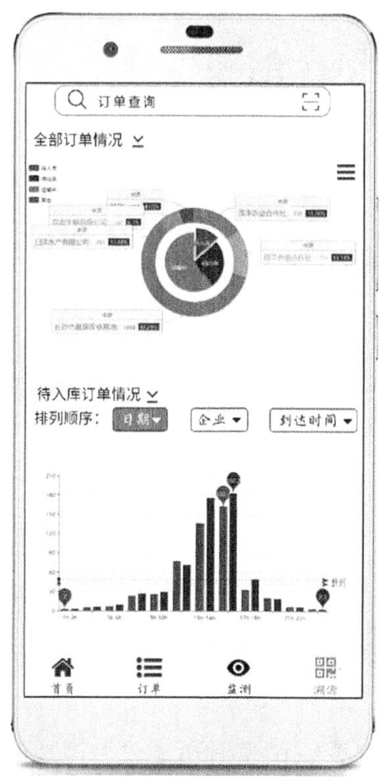

图 7-23 智慧溯源可视化子系统物流企业订单信息查询界面

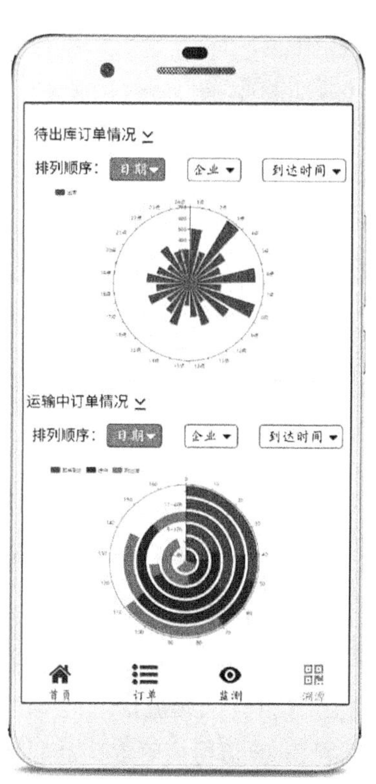

图 7-24 智慧溯源可视化子系统物流企业待出库信息查询界面

如果运输路上有意外情况发生，物流企业需要实时观测异常订单情况，并针对问题及时采取措施（见图 7-25）。对于物流企业的客户而言，可以通过“智源” App 查看生鲜农产品运输过程中的信息。如图 7-26 所示，可以查看运输产品的基本信息。

图 7-25　智慧溯源可视化子系统物流企业物流动态查询界面

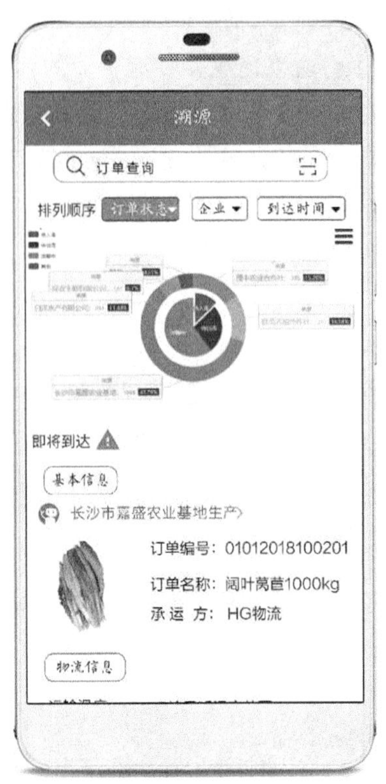

图 7-26　智慧溯源可视化子系统物流企业产品信息查询界面

（2）消费者可视化界面展示。

图 7-27 展示的是消费者的订单信息查询界面。该界面包括产品的“基本信息”“生产信息”“物流信息”等。

由图 7-28 可得生鲜农产品原产地的湿度信息。消费者可通过原产地湿度信息判断生鲜农产品的种植情况，除此之外，还可以查看生鲜农产品的物流信息，通过物流信息可判断是否为冷链物流运输。具体查询的物流信息，如图 7-29 所示。

图 7-27　智慧溯源可视化子系统消费者订单信息查询界面

图 7-28　智慧溯源可视化子系统消费者原产地湿度信息查询界面

生鲜农产品因其特性，需要采用冷链运输方式，同时其仓储环境也必须在一定范围的湿度和温度下。消费者可以查看到由智能数据监测子系统采集到的温湿度信息，具体查询页面如图 7-30 所示。

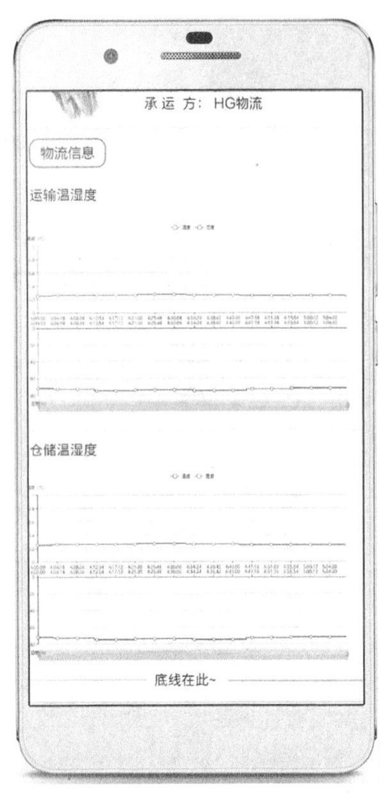

图 7-29 智慧溯源可视化子系统消费者物流信息查询界面

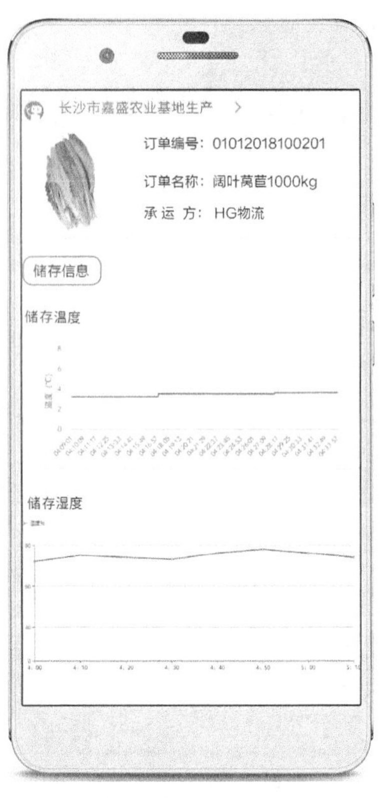

图 7-30 智慧溯源可视化子系统消费者原产地温湿度信息查询界面

7.4 本章小结

生鲜农产品冷链智慧溯源可视化子系统为了满足消费者对产品溯源的需求，由物流企业作为核心企业，集成生鲜农产品供应链上游的供应商产品信息和下游的分销商产品信息，并结合三个角度的需求展示各自需要的信息。整个智慧溯源可视化子系统的设计结合现有溯源可视化系统的不足，从不足点分析智慧溯源可视化技术；结合用户的需求和功能需求设计智慧溯源可视化子系统的总体架构；最后展示已经过测试的网页版和 App 版系统。在整个系统业务设计中，物流企业作为核心企业可以保证生鲜农产品的质量安全，同时有利于督促物流企业提高冷链环节的信息化水平和冷链物流设施设备的使用效率。除此之外，专业的冷链物流服务还可保证生鲜农产品整个供应链的冷链流通率和冷链物流服务质量。生鲜农产品供应商、分销商和物流企业还可以把更多的资金、时间、精力投在公司的核心业务上，不断提高生鲜农产品的生产质量和对整个可视化供应链的管理效率，增加供应链的柔性，使供应链能够更快适应外部环境的变化，提高顾客满意度，提升整个生鲜农产品冷链供应链的整体效益，有效地解决了生鲜农产品冷链流通数据的“可视化”缺失的难题，用可视化的数据再现生鲜农产品冷链流通过程中的状态，让消费者可以消费“可视化”生鲜农产品。

8 研究结论与展望

8.1 生鲜农产品冷链智慧溯源系统创新性

目前我国生鲜农产品市场正面临严峻的竞争形势，实现生鲜农产品可追溯化将极大地提升生鲜农产品企业的竞争力。而中国企业无论是溯源系统的硬件措施还是软件设计理念，都与发达国家存在很大差距。所以企业要实现生鲜农产品可追溯化，就必须解决硬件与软件的不足。在此基础上，本书创新性地从以下三个方面展开研究。

（1）针对消费者对食品安全的需求以及生鲜企业亟须提高市场份额的需求，本书提出建立生鲜农产品冷链智慧溯源系统。通过获取消费数据，发现食品的安全性是影响消费者购买生鲜农产品的一大重要因素。通过市场调研及权威数据预测，发现生鲜农产品逐年上涨的需求使生鲜农产品市场扩增，生鲜企业亟须提高自身的竞争力以占据更多的市场份额。最终得出企业需要结合消费者的需求，提高生鲜农产品冷链的运输能力以保证整个链条的生鲜农产品安全。

（2）针对供应链信息不对称、权责不明的难题，本书确定以物流园为核心的生鲜农产品冷链的智慧物流可追溯体系。当消费者投诉生鲜农产品的安全事故时，供应商、分销商、物流园之间难以区分责任，易形成无法及时解决生鲜农产品安全事故的局面，直接影响各涉事企业的信誉。针对此情况，本系统以物流园为核心企业，集成并展示整个供应链的信息。若发生安全事故可通过智慧溯源可视化子系统明确责任方。

（3）针对已有系统的不足并结合用户需求，本书应用智能订单管理技术、智能数据监测技术和智慧溯源可视化技术。生鲜农产品冷链智慧溯源系统包括三个子系统，第一，智能订单管理子系统，信息以订单为载体，其中主要运用200MHz ~2GHz 超高频 RFID 标签、GPS/GRPS/CDMA 集成技术。第二，智能数据监测子系统，运输过程中的信息需要运用基于 LSBDHBase 的数据存储技术采集并上传至数据库。第三，智慧溯源可视化子系统，通过运用智慧溯源可视化技术将信息组合展示满足不同用户的需求。

8.2 生鲜农产品冷链智慧溯源系统评价

效益是指产出与投入之间的一种比例关系。它反映了人们的投入与所带来的利益之间的关系，可以分为两种：经济效益和社会效益。其中经济效益是人们在经济活动中取得的收益性成果；社会效益是对社会生活有益的效果。本方案设计的生鲜农产品冷链智慧溯源系统（以下简称"冷链智慧溯源系统"）不但为智慧物流企业解决了难题，而且为其带来双重效益。

8.2.1 经济效益分析

（1）降低产品破损率，保证产品质量。应用冷链智慧溯源系统，可对各物流企业负责的生鲜农产品进行在途的监测，信息全程跟踪，及时预警与反馈生鲜农产品的在途情况，大大降低了生鲜农产品在途运输的破损率，降低不必要的浪费，降低运输成本，提高物流企业的经济效益。

（2）提高物流服务质量。应用冷链智慧溯源系统，可实现从订单处理到完成运输的全程智慧化，实现物流园区各个部门之间、物流园区部门与客户之间的信息共享，高效协作，形成一个高质量的产品服务链。同时，冷链智慧溯源系统也可直接给消费者一个端口体验物流可视化的过程，让消费者了解生鲜农产品运输（或生鲜农产品产出及运输）的全程信息，提高消费者对物流园区的满意度。

（3）提高生鲜企业竞争力。通过冷链智慧溯源系统，企业可保证食品的冷链运输条件和运输安全，这利于消费者对其建立一个良好的口碑，大大提高了企业的竞争力。除此之外，随着生鲜市场的扩增，企业提前提高冷链运输的能力相当于拥有了核心竞争力，不仅不会被市场淘汰还会抢占更大的市场份额。

（4）规范冷链作业标准。通过冷链智慧溯源系统，企业可结合降低商品的消耗、确保商品安全的目标，将生鲜冷链物流作业环节进行调整，使储存、流通加工、运输配送等各个方面都更加规范化、标准化。

（5）优化生鲜配送路线。通过冷链智慧溯源系统，企业可以利用智能数据监测子系统监测配送过程，并进行数据分析，对配送中心和配送路线进行布局和规划，不仅可以提高物流服务的质量，缩短配送的时间，还可以减少配送人员和配送车辆等配送资源的浪费。

8.2.2 社会效益分析

（1）推动生鲜农产品行业发展。通过冷链智慧溯源系统，可降低生鲜农产品的运输破损率，保证生鲜农产品在途运输的质量安全，解决了限制生鲜农产品产业快速发展的一大难题。这样可以满足新时期消费者的需求，促进生鲜农产品产业发展。

（2）保证生鲜农产品安全，保障人民健康。通过冷链智慧溯源系统，可构建生鲜农产品在途运输监控平台，对生鲜农产品在途运输进行监测与控制，减少运输途中生鲜农产品的破损率，控制变质生鲜农产品流入下一级，大大提高生鲜农产品的运输质量，有利于保障人民群众的食品安全健康，为社会安全作出贡献。

（3）促使物流园提高自身的冷链配送能力。建立以物流园为核心的冷链智慧溯源系统，可推动物流园提高冷链物流配送能力。满足生鲜农产品企业的需求不仅在于保证食品的安全，还需保证生鲜农产品在运输过程中的低破损率。这促使物流园完善自身的冷链物流体系，其中包括冷链基本设施的完善、先进冷链技术的运用。

（4）提供有效的监管手段，方便政府溯源管理。系统采用 B/S 结构，结合物联网等技术，实现生鲜全产业链冷链智慧溯源系统的设计。通过平台与系统的关联，能够实现宏观方面的调控管理，在方便企业溯源管理的同时，也为政府监管部门提供了有效的监管手段。

8.3 生鲜农产品冷链智慧溯源系统后续分析

在充分了解国内外研究现状和人们实际需求的基础上，本书以生鲜农产品冷链智慧溯源系统的设计与实现项目为依托，实现了基于“平台+系统”追溯模式的平台和系统研发，通过综合运用编程技术、物联网技术、信息化技术等，设计并实现了生鲜农产品冷链智慧溯源系统。

8.3.1 系统的不足

本团队对系统运行测试后，发现系统与平台仍有很多需要改进和完善的地方，具体包括以下三点。

（1）完善平台的数据分析功能建设。通过对溯源信息数据的整理和归纳，将同一产业的不同企业的溯源信息进行整合，挖掘其中存在的信息规律，构建生鲜农产品运输最优路线数据分析模型，从而为生鲜企业、智慧物流园提供科学、可持续的冷链溯源计划。

（2）利用大数据技术优化配送路线。大数据时代的来临，意味着数据处理和应用思维的变化，对农业大数据的研究也是趋势。为了应对农业大数据和应用的挑战，系统需要在充分结合企业的运输要求以及物流的冷链运输设备后，利用大数据技术对其运输路线、溯源过程作出预测分析。

（3）暂未连接 Oracle（甲骨文）数据库。Oracle 数据库具有高稳定性的特点，但其使用成本高，因此暂未连接。若寻找到合适的系统使用方，本团队将连接 Oracle 数据库进行系统实际运行。

8.3.2 系统的后续开发

目前生鲜农产品冷链智慧溯源系统的设计框架已基本成型。功能模块也不断规范化，基本可以达到预期效果。虽然在实际系统设计开发过程中解决了很多问题，但面对与时俱进的大众需求，仍需要更多、更便捷的功能来满足，项目后续开发具体包括以下五个方面。

（1）建立生鲜农产品溯源核心安全数据库表。本团队还将根据生鲜农产品的生产过程，构建包含空间数据的区域农产品数据库和检测数据库，在规范种植投放物的同时，积极从源头有效控制农药残留，尤其为果蔬出口企业满足国际客商的各种要求奠定了基础；其中，数据库表涵盖了系统的参与者相关属性表与空间矢量数据。整个溯源核心安全数据库表可以实现从源头的数据来整理相关信息，整合分销过程中的不同环节，在农业阶段开发不同的数据指标，形成质量跟踪阶段的基本信息，为消费者提供详细的溯源系统。最终达到对每一节点的长时间跟踪。

（2）设计编码方案和追溯码。本团队仍需完善追溯码，保证溯源信息不被篡改。编码的载体采用 QR 码，把所采集得到的数据通过编码，转换成数据编码，并形成输出的 QR 码，实现对所有数据的有效追溯。这有利于接入端口给厂家、基地、生产、运输四个节点企业输入信息，实现信息、数据的集成，在此基础上，也为追溯码设立了安全围墙，有利于防止不法分子篡改信息。

（3）开发 GIS 地图展示功能。本团队仍需进一步完善系统以满足消费者与客户智能化的需求，开发产地评价、决策支持等模块。具体包括根据种植（养殖）户、加工厂、销售企业、物流运输企业等关键点的分析，为各个角色绘制用例图；根据系统内各个对象之间的信息交互，绘制溯源系统控制序列图与系统数据流图；根据各个对象的需求对系统设计更为人性化的功能模块；设计数据库的表结构，通过数据库架构设计完成架构的构造。

（4）运用无线射频、计算机网络、通信等技术将系统的硬件与软件组建成整体。本团队试验通过硬件系统的性能指标，与设计指标相比较，证明设备应用的可行性，组建局域网并配置服务器，对溯源系统进行访问、数据添加、修改等。这其中包括对无线网络的配置，本系统在最初运用的是 4G 网络，会造成运输车辆经过偏远地区时信号断开。之后系统将实行 4G+/5G 网络，可以保证运输途中温湿度数据的实时上传和运输车辆的实时定位。

（5）结合食品安全管理系统，提供生鲜农产品在运输环节的相关信息。本团队可结合已有平台的优势，助力本系统的后续开发。为满足对车辆实时监控的需求，相对应地完善远程监测系统，在远程控制端对配送车辆进行实时监测。

8.4 本章小结

本章主要是从系统创新性、系统评价、后续分析三个方面对生鲜农产品冷链智慧溯源系统进行分析与总结。在系统创新性方面，系统设计的目标、市场痛点的解决以及系统子模块的设计是本系统的三大创新亮点。在系统评价方面，主要从经济效益和社会效益两个方面对系统进行评价。在后续分析方面，在系统已有功能模块的基础上，分析系统后续需要改善和增加的模块。

参考文献

[1] 成耀荣，张蜊彬，陈悦．冷链物流产业形成机理及其发展潜力评估方法［J］．科技管理研究，2016，36（19）：141-144.

[2] 樊洪远．我国 B2C 电子商务生鲜农产品冷链物流研究［J］．安徽农业科学，2014（22）：7653-7655.

[3] 费亚利．政府强制性猪肉质量安全可追溯体系研究［D］．成都：四川农业大学，2012.

[4] 高敏．我国果蔬批发市场冷链流通影响因素的实证研究——基于对市场商户的实地调查［J］．中国流通经济，2016（3）：10-17.

[5] 焦宁．吉林省棚膜蔬菜质量安全可追溯体系研究［D］．长春：吉林大学，2014.

[6] 孔令孜，李小红，宁夏，等．国外农产品质量安全管理现状及启示［J］．农村经济与科技，2018，29（13）：166-169.

[7] 柯杨，马瑜，李勃，等．农产品质量安全现状及其检测与追溯技术研究进展［J］．食品工业科技，2017，38（24）：315-319，324.

[8] 李宏．城市冷链物流配送车辆路径问题的研究［D］．长沙：长沙理工大学，2006.

[9] 刘爱军，杨春艳．生鲜农产品质量安全管理现状分析——基于对南京市 5 个农贸市场的实地调研［J］．中国畜牧杂志，2015，51（18）：21-24，30.

[10] 刘建鑫，王可山，张春林．生鲜农产品电子商务发展面临的主要问题及对策［J］．中国流通经济，2016，30（12）：57-64.

[11] 马小雅，黄武．“互联网+”背景下广西生鲜农产品冷链物流运作模式研究［J］．商业经济研究，2016（4）：97-99.

[12] 马鸿健．基于供应链的蔬菜质量安全溯源系统研究与实现［D］．泰安：山东农业大学，2014.

[13] 毛志慧．面向水产品加工过程的质量追溯系统设计与实现［D］．广州：广

东工业大学，2012.
[14] 钱永忠，金芬，郑床木．中国农产品质量安全现状与技术发展趋势［J］.农学学报，2018，8（1）：203-206.
[15] 沈敏燕．果蔬类农产品冷链物流信息溯源研究［D］. 苏州：苏州科技大学，2017.
[16] 孙晓云，李学工．我国农产品冷链物流标准现状与发展建议［J］. 中国果菜，2015，35（12）：6-10，15.
[17] 苏国贤，李富忠．中国蔬菜冷链物流的现状、问题与建议［J］. 中国流通经济，2012，26（1）：39-42.
[18] 孙春华．我国生鲜农产品冷链物流现状及发展对策分析［J］. 江苏农业科学，2013，41（1）：395-399.
[19] 杨博文．长沙市农产品质量安全工作现状与质量保障体系评估及探讨［J］.长江蔬菜，2018（16）：71-75.
[20] 姚蓉．基于物联网技术的西安市蔬菜供应链追溯系统研究［D］. 西安：长安大学，2013.
[21] 王忠伟，赵芳妮．基于模糊综合评价法的农产品冷链绿色物流综合评价研究［J］. 华中师范大学学报（自然科学版），2015，49（4）：546-550.
[22] 王勇，张培林．产业融合下冷链物流服务质量评价实证［J］. 中国流通经济，2016，30（4）：33-39.
[23] 王忆南．农超对接背景下冷链物流配送中心面临问题及对策探析［J］. 科技与经济，2014，27（1）：46-50.
[24] 王永锋，杨育，刘爱军．基于 RFID 技术的生鲜肉类产品全程可追溯系统设计［J］. 现代科学仪器，2012（1）：15-17，21.
[25] 肖严．农产品质量安全检测技术的现状与发展探析［J］. 农业科技与信息，2016（32）：43，47.
[26] 肖新清．面向冷链物流品质感知的物联网数据采集与建模方法［D］. 北京：中国农业大学，2017.
[27] 赵剑．以批发市场为中心的蔬菜物流发展模式研究——以四川彭州为例［J］. 农村经济，2010（7）：116-118.
[28] 朱仕兄．我国生鲜农产品冷链物流现状及发展对策分析［J］. 物流技术，2012，31（23）：133-135，138.

[29] 朱洁兰．杭州市生鲜农产品供应链安全可追溯体系构建研究［D］．杭州：浙江工业大学，2014.

[30] 张雅燕．食品质量安全可追溯体系的运行机制及发展路径研究——以猪肉为例［J］．黑龙江畜牧兽医，2014（10）：11-13．

[31] 张春梅，贾云霞，李晓云，等．基于案例推理的工业园区废气污染溯源方法研究［J］．测试技术学报，2018，32（6）：526-534.

[32] 周慧．水产品供应链追溯系统的设计［D］．上海：上海海洋大学，2010.

[33] 周真．我国水产品质量安全可追溯体系研究［D］．青岛：中国海洋大学，2013.

[34] 周雅．生鲜超市农产品质量安全保障问题研究——以长沙市为例［D］．长沙：湖南农业大学，2013.

[35] DABBENE F，GAY P，TORTIA C. Traceability issues in food supply chain management：A review［J］. Biosystems Engineering，2014，120（1）：65-80.

[36] GOLDRING ZACK. Maintaining the cold chain［J］. Int J Control，1998，73（12）：20-29.

[37] HALLIE FOREINIO，CHRISTOPHER WRIGHT. Cold chain concerns［J］. Pharmaceutical Technology，2005（4）：44-46.

[38] HOKEY MIN，SEONG JONG JOO. Benchmarking the operational efficiency of third party logistics providers using data envelopment analysis［J］. Supply Chain Management：An International Journal，2006，11（3）：259-265.

[39] JIANYING FENG，ZETIAN FU，ZAIQIONG WANG，et al. Development and evaluation on a RFID-based traceability system for cattle/beef quality safety in China［J］. Food Control，2013，31（2）：314-325.

[40] MARIJA BOGATAJ，LUDVIK BOGATAJ，ROBERT VODOPIVEC. Stability of perishable goods in cold logistic chains［J］. International Journal of Production Economics，2005，93-94.

[41] MARCO FREDERIKSEN，CARSTEN OSTERBERG，STEEN SILBERG，et al. Info-Fisk. Development and validation of an internet based traceability system in a danish domestic fresh fish chain［J］. Journal of Aquatic Food Product Technology，2002，11（2）：13-24.

[42] RINGSBERG H A，MIRZABEIKI V. Effects on logistic operations from RFID-

and EPCIS-enabled traceability [J]. British Food Journal, 2014, 116 (1): 104-124.

[43] MAINETTI L, PATRONO L, STEFANIZZI M L, et al. An innovative and low-cost gapless traceability system of fresh vegetable products using RF technologies and EPC global standard [J]. Computers and Electronics in Agriculture, 2013, 98 (7): 146-157.

[44] PANDA S, SENAPATI S, BASU M. Optimal replenishment policy for perishable seasonal products in a season with ramp-type time dependent demand [J]. Computers & Industrial Engineering, 2007, 54 (2): 301-314.

[45] R MONTANARI. Cold chain tracking: a managerial perspective [J]. Trends in Food Science & Technology, 2008, 19 (8): 425-431.

[46] RUERD RUBEN, DAVE BOSELIE, HUALIANG LU. Vegetables procurement by Asian supermarkets: a transaction cost approach [J]. Supply Chain Management: An International Journal, 2007, 12 (1): 60-68.

[47] S J JAMES, C JAMES, J A EVANS. Modelling of food transportation systems-a review [J]. International Journal of Refrigeration, 2006 (29): 947-957.

[48] SADIWNYK M. Food traceability in Canada [R]. Electronic Commerce Council of Canada, 2004.

[49] TONGZON J. Efficiency measurement of selected Australian and other international ports using data envelopment analysis [J]. Transportation Research Part A: Policy and Practice, 2001, 35 (2): 107-122.

[50] VICTORIA SALIN, RODOLFO M, NAYGA JR. A cold chain network for food exports to developing countries [J]. International Journal of Physical Distribution & Logistics Management, 2003, 33 (10): 918-933.

中国物流专家专著系列

1.《北京奥运物流系统规划》 刘文杰 2007年02月
2.《传统物流与现代物流》 宋耀华 2007年04月
3.《中国物流（第2版）》 丁俊发 2007年05月
4.《企业物流信息系统整合与应用》 于宝琴 等 2007年06月
5.《供应链风险预警机制》 刘永胜 2007年07月
6.《现代物流与经济发展——理论、方法与实证分析》 刘　南 等 2007年08月
7.《集群式供应链库存优化与应用》 黎继子 等 2007年09月
8.《区域物流系统建模与实务》 张　潜 2007年09月
9.《物流与供应链中的三大问题研究》 黄祖庆 2007年10月
10.《中国铁路现代物流发展战略》 张　诚 2007年10月
11.《集群式供应链理论与实务》 黎继子 等 2008年11月
12.《企业间关系形态研究》 于唤洲 2009年05月
13.《玻璃包装回收物流系统》 杨晓艳 2009年05月
14.《物流成本管理理论及其应用》 黄由衡 2009年08月
15.《供应链风险管理》 刘浩华 2009年09月
16.《回收产品再生物流理论模型及协商机制》 周三元 2009年09月
17.《服务供应链管理》 刘伟华 等 2009年10月
18.《农产品物流框架体系构建》 李学工 2009年10月
19.《国际物流与制度因素》 王国文 2010年05月
20.《物流的内涵和物流战略管理实践》 靳　伟 2010年05月
21.《铁路现代物流中心综合发展规划理论与应用》 韩伯领 等 2010年12月
22.《区域物流协调发展》 张中强 2011年03月
23.《现代物流服务体系研究》 贺登才 等 2011年04月
24.《铁路物流发展理论及其支撑技术研究》 张　诚 2011年06月
25.《生产物流系统工作流管理关键技术研究与实践》 杨志军 2012年05月
26.《基于成员目标定位的大规模定制模式下供应链运作》 姚建明 2014年05月

27.《物流外包风险分析与控制策略研究》 徐　娟 2014 年 06 月
28.《应急物流运作》 侯云先 等 2014 年 09 月
29.《城市群物流需求空间分布特征研究》 葛喜俊 2014 年 09 月
30.《物流企业创新》 田　雪 2014 年 12 月
31.《不确定因素下物流配送车辆路径规划问题的建模及优化方法》 王　君 2014 年 12 月
32.《成品粮应急代储系统协调机制研究》 翁心刚 等 2015 年 03 月
33.《果蔬冷链物流系统安全评估及优化研究》 杨　芳 2015 年 05 月
34.《基于协议流通模式的农产品信息追溯体系研究》 王晓平 等 2015 年 05 月
35.《我国制造业与物流业联动发展研究》 王茂林 2015 年 07 月
36.《大数据时代农产品物流的变革与机遇》 张天琪 2015 年 09 月
37.《供应链风险管理》 王　燕 2015 年 09 月
38.《区域物流需求预测研究》 程肖冰 等 2015 年 10 月
39.《物流企业多元化发展研究——从战略协同视角》 杨　丽 2015 年 12 月
40.《区域物流枢纽演化及规划研究》 陆　华 2015 年 12 月
41.《社会物流成本核算》 汪芸芳 等 2016 年 08 月
42.《基于应急供应链的救灾物资配送模糊决策研究》 朱佳翔 2017 年 01 月
43.《闭环军事供应链网络规划与设计》 张　飞 2017 年 03 月
44.《物流产业生态系统视角下缓解城市雾霾理论与实证研究》 张　诚 等 2017 年 06 月
45.《企业物流外包决策研究》 白晓娟 著 2017 年 12 月
46.《经济新常态下城市物流空间结构特征及演化机制研究——以长沙金霞经济开发区为例》 戴恩勇 等 2017 年 12 月
47.《大规模定制化物流服务模式下物流服务供应链调度理论与方法》 刘伟华 等 2018 年 01 月
48.《基于实习基地模式的物流实践性人才培养研究》 章　竟 2018 年 12 月
49.《服务供应链管理（第 2 版）》 刘伟华 等 2019 年 08 月
50.《北京农产品物流模式创新研究》 唐秀丽 2020 年 06 月
51.《智慧物流生态链系统形成机理与组织模式》 刘伟华 2020 年 12 月
52.《物流枢纽经济发展模式与运行机理研究》 朱占峰 等 2020 年 12 月
53.《国际陆港理论与实践》 徐德洪 2021 年 10 月
54.《我国物流通道建设相关因素分析与方法研究》 汪芸芳 等 2021 年 11 月
55.《现代物流体系建设理论与实践》 刘　伟 2021 年 12 月
56.《需求更新与行为视角下的物流服务供应链协调问题研究》 刘伟华 2022 年 05 月